JN439664

신종찬 수필집

신 종 찬

1955년 경북 안동 출생
경북안동 월곡초등학교, 안동중학교, 안동고등학교와경희대학교 의과대학을 졸업하고
소아과청소년과전문의, 의학박사 학위를 취득했다.
(미) Wake Forest 의과대학 visiting scholar(97~98) 동(同)대학 알레르기과정 1년 수료했으며
(현) 도봉구 방학동 신동아의원 원장으로 있다.
청년의사신문 독서캠페인 제20기 대상 수상 〈Y에게〉(2009년)
제9회 한미수필문학상 수상 〈비장의 무기〉(2010년)
제7회 보령수필문학상 수상 〈봄비 오는 날 할아버님 생각〉(2011년)
2010년 4월 〈에세이플러스〉 등단
(현) 의사수필가협회 홍보기획이사
대한의사협회 〈젊은 의사 아카데미〉 문예창작부문 조직위원장
이메일: asjc74dr@naver.com

신종찬 수필집
서울의 시골의사

초판인쇄 2012년 6월 5일
초판발행 2012년 6월 8일

지은이 신종찬
발행인 서정환
편집인 백시종
주간 채문수
편집국장 김정례
편집차장 박명숙
편집 권은경 김미림

펴낸곳 도서출판 계간문예
주소 서울시 종로구 익선동 30-6 운현신화타워 207호
전화 02) 3675-5633
이메일 qmyes@naver.com
출판등록 2005년 03월 09일 제300-2005-34호
인쇄 · 제본 신아인쇄

Designed by Park Rae Hoo · www.raehoo.com · 02) 742-9991

Printed in KOREA

ISBN 978-89-6554-047-2 (03810)
값 12,000원

신종찬 수필집

서울의 시골의사

도서출판 계간문예

우리의 인생에 대하여 소중함과 연민의 정을 느낀다.

이 소중함과 연민으로 나무, 돌, 풀 등 보잘것없는 것들을

다정스레 바라보고 싶다.

매순간 모든 존재를 가치 있게 생각하고

친절한 마음으로 살고 싶다.

머리말

첫 수필집을 내며

시골에서 태어나고 자라서인지 산 밑에서 의사노릇을 하고 있다. 나는 오늘도 떡시루 같은 인수봉을 바라보며 소귀골을 올라간다. 우이고개 넘어 오형제봉이 지척에서 내려다보는 길을 땀에 흠뻑 젖어 걷는다.

그때 막 피어나는 연초록 잎이 유난히 반짝거리는 나무가 있다. 아가위나무다. 그 나무 아래 벤치에 앉자 새로 맞이하는 봄에 파묻힌다. 나무와 풀뿐만 아니라 바위도 어울려 부지런히 봄을 만들어 가고 있다. 늘 새로워질 수 있는 자연이 부럽다.

호젓한 산길을 걷는 재미를 무엇과 바꿀 수 있을까. 수필을 쓰는 것은 스스로 땀 흘려 이루어야 한다는 점에서 이런 산길을 힘들게 오르는 것과 같다. 수필은 여유 있을 때 쓰는 한가한 글이 아니었다.

개원한지 20년 넘게 멈춰진 시계처럼 나는 언제나 그 자리에 있다. 일상은 청진기, 기침, 열, 복통, 주사, X선 필름 같은 건조한 말들로 짜여 있다. 여기에 산, 나무, 풀, 하늘, 꽃, 눈雪을 섞어 수필을 썼더니 숨통이 트인다. 어린 시절 고향의 추억은 내 사유의 근원이다. 답답할 때 찾곤 했던 해당화 피는 바닷가 이야기와 세상을 바라보며 글을 마무리 지었다.

살면서 적지 않은 시행착오를 겪은 후 이제야 세상이 조금 보인다. 세상은 부조리와 패러독스로 가득 차 있다. 본능적으로 저항도 해보지만 귀중한 내 생을 이들과 싸우는 데 보낼 수는 없다. 크던 작던 고통과 고민을 안고 살 수밖에 없는 인생에 대하여 소중함과 연민의 정을 느끼며 매순간 친절한 마음으로 살고 싶다.

나는 사람의 건강을 돌보는 의사이지만 '질병 없이 삶의 의미를 모르고 사는 것보다 질병이 있지만 삶의 의미를 알며 사는 것' 이 더 좋다고 생각한다. 수필을 쓰며 삶의 의미를 배운다. 벌거벗은 자만이 진실을 쓸 수 있다고 하니 나 자신에게라도 솔직할 수 있었으면 좋겠다. 글쓰기를 통해 자신을 돌아볼 수 있는 것만으로도 만족한다.

처음 책을 낸다. 지금까지 내가 있게 해준 분들에게 존경과 감사를 드린다.

내 글을 읽어주는 분들께도 감사를 드린다. 글의 부족한 점을 늘 깨우쳐 주시고 비평까지 해주신 임헌영 선생님께 감사를 드린다. 한상렬 선생님은 비평에서 과분한 칭찬을 해주셨다. 계간문예 백시종선생님과 김정례선생님 등 관계자 분들에게도 감사드린다.

사랑하는 아내, 수현, 상하와 영하에게 이 책을 바친다.

CONTENTS

2 서울의 시골의사

3 안동문화에 젖어

4

세상을 바라보며

5

바닷가를 거닐며

평론

●

작품론

그림 박 래 후

1

북한산의 설선

햇빛 담기

오월 초하루
바람보다 자유로운 햇빛이 탐난다

마침
초록 갈증에 찬 햇빛이
거침없이
유리창을 넘어 들어온다

가만히
창을 열고
빽빽한 초록 잎 화분에 가득 담는다

북한산의 설선 雪線

3월 아침 출근길이다. 우수를 지난 봄비가 중랑천을 둑까지 가득 채워 마음이 풍성하다. 차창을 조금 열자 폭포소리가 쏴하며 밀려들어온다. 냇가 들풀은 파들파들 돋아나 연초록 옷감을 펼쳐 놓았고, 담 밑의 원추리도 노란 색종이로 접은 듯 새싹을 내밀고 있다. 어제 내린 비를 따라 봄이 성큼 다가왔나 보다. 고개를 드니 차창 너머 멋진 경치가 들어온다. 천하명산 북한산에 일필휘지 한 획 큰 붓 휘두른 이 누구인가. 아름다운 산허리에 봄눈이 만든 통쾌한 설선이 한눈에 들어온다. 장군봉, 인수봉, 백운대, 만경대, 노적봉에 이르기까지 산줄기를 따라 금 은빛과 흑 백으로 파노라마가 펼쳐져 있다.

예상치 못한 반가움에 출근하자마자 옥상부터 올라간다. 눈이 시리

다. 구름 위로 솟은 눈 덮인 산봉우리는 아침햇살을 받아 거울처럼 빛난다. 햇살이 반사되는 방향에 따라 산봉우리들의 색깔이 각각 달라 황금빛, 은회색, 검은색에서 흰색에 이르기까지 여러 가지이다. 어제 평지에는 비가 왔지만 높은 산에는 눈이 내렸나보다. 이런 장엄한 자연 현상을 서울에서도 볼 수 있다니, 그 감격을 마음과 카메라에 담는다.

설선은 팽팽하던 거문고 줄 하나 쨍하고 끊어져 산허리를 길게 휘감은 것 같다. 설선 위로 펼쳐진 푸르도록 흰 북한산 봉우리들은 신선들의 흩날리는 청포靑布자락 같기도 하고, 백의민족 여인들의 열두 폭 옥양목 치마 같기도 하다. 질서 있게 높이와 크기가 순서대로 나란히 솟은 다섯 봉우리 오형제봉. 그 위에 쌓인 눈은 겨우내 땅속에 묻어 두었던 조선무 모양이다. 맛있는 윗부분만 자르면 상큼하고 알싸한 무 냄새가 날 것만 같다. 나란히 솟은 인수봉과 최고봉 백운대에는 띠처럼 둥근 구름까지 드리워 있다. 마치 함부로 넘봐서는 안 된다

며 정성스럽게 가린 젊은 여인의 비밀스러운 젖가슴 같기도 하다. 고등학교 독일어 시간에 처음 설선이란 단어를 알게 되었다. 알프스 산맥의 한 봉우리인 융프라우(Jung Frau)에 걸린 설선을 소재로 한 시 한 편이 교과서에 소개 되었다. 오늘 설선을 보고나니 "젊은 부인이라는 뜻인 융프라우에는 계절에 따라 설선이 아름답게 변하다."라는 시의 내용이 아스라이 떠오른다.

높은 산에서 눈이 녹지 아니하는 부분과 녹는 부분의 경계가 설선이다. 과학적으로는 적설량과 융해량이 서로 같은 지점을 연결한 선이다. 아프리카의 킬리만자로나 제주도의 한라산처럼 높은 산이 있는 열대 또는 아열대 기후지역에서 흔히 볼 수 있다. 기온의 수직분포, 즉 아래쪽은 따뜻한 기온이면서 정상부로 올라가면서 기온차이가 크게 나는 곳에 눈이 내리면 나타나는 자연현상이다. 설선이 놀라운 것은 같은 지역에서 서로 다른 계절의 공존을 볼 수 있어서이다.

멀리서 볼 때 설선은 단호한 직선이었다. 겨울잠 자던 산신령이 성급하게 다가오는 봄에게 '신선 외 출입금지' 라고 선을 그은 것 같았다. "흰 눈을 치우지 마라! 봄은 아직 여기까지야!"라고 외치면서……. 바위든 소나무든 희디흰 자연의 질서 안에서 편안한 줄 알라는 뜻이 아닐까.

설선을 높은 곳에서 좀 더 가까이 보니 여유와 운치가 있는 곡선으로, 여기까지 봄이 와도 좋다고 넉넉한 마음으로 그었을 성싶다. 봄을 반기는 산신령들이 밤새 한바탕 호탕하게 웃으며……. 앙상한 나뭇가지와 마른 풀들에게 기쁜 봄소식을 미리 알리는 선이 아닐까. 귀하고 반가운 일은 준비하고 맞는 법이니까.

거대한 산허리를 흑백으로 갈라놓은 것은 무슨 연유일까? 산신령의 말이 들려온다. 아직 여기까지는 초목들에게 봄을 허용하지 않는다. 눈을 더 맞고 추운 바람을 더 견뎌야 한다. 생고생을 시키려는 뜻이 아니고, 참고 견뎌야 찬란하고 더 향기로운 봄을 맞이할 수 있다. 자연을 포함하여 만물에는 한계와 절제가 필요하다고 큰 선을 긋지 않았을까. 그렇다면 자연의 일부인 인간도 한계와 더불어 살아갈 성싶다.

의사로서 나는 매일 한계와 씨름하고 있다. 진료하면서 답하기 어려운 질문 하나는 감기 기운이 조금 있다며 "이 정도이면 약 먹는 등 꼭 치료를 해야 하나요?"하는 말이다. 수십 년 간 보아온 편도선 주변이지만 정상과 비정상이 모호할 때가 있다. 약은 먹지 않아도 찬바람 쐬지 말고 따뜻하게 하라고 답해준다. 진찰소견을 기록할 때도 정상normal 대신 정상범위 이내W.N.L., within normal limits이라고 하는 것이 상례이다. 그만큼 인체에 관한한 전문가인 의사도 정상이라고 판단할 수 있는 한계를 결정하기 어렵기 때문이다.

정상상태에서 인체는 항상 여러 균들과 서로 돕거나 영역의 한계를 지키며 평화를 유지하고 있다. 정상균주라고 하는 좋은 균들도 때로는 이를 어기고 인체를 공격하는 수가 있다. 이렇게 갑자기 병원성을 얻게 되면 인체와 세균 간에 전쟁이 시작된다. 균과 같은 기생생물이 주인인 숙주 안에서 성공적으로 살려면 숙주의 삶을 지나치게 해치지 말아야 한다는 생물학적 이론이 있다. 그 한계를 벗어나 숙주를 공격하여 주인이 죽으면 기생생물의 삶도 끝장이 난다. 세균도 살아남으려면 자연의 법칙을 지켜야 한다.

우리는 여러 가지 문제에 부딪치며 살 수밖에 없다. 즉 사고思考와 행동의 한계에 부딪친다. 생각은 행동을 따라가지 못하고 행동도 생각을 따라가지 못한다. 사고의 한계는 예부터 필부에서 성현까지 늘 고민하는 문제였다. 살면서 자신의 금지선을 긋지 말아야 하는가? 곰곰이 생각해보면 스스로 금지선을 정하고 참고 견뎌야 진정한 행복을 느낄 수 있을 것 같다. 아니다. 싯다르타도 극도의 인내를 수반하는 고행으로 이루지 못한 깨달음을 마음의 집착에서 벗어나 이룰 수 있었다. 그렇다면 인내는 별개의 문제이고 집착을 벗어나 금지선을 넘어 호흡해보아야 한다. 그 너머에 진실이 있는지도 모른다. 금지선 속에 갇히는 것은 봄이 온 줄도 모르고 애달프게 눈 속에 갇혀 사는 것과 같지 않을까. 해마다 북한산에 설선이 그어지고 그 때마다 나는 또 내게 그어진 한계가 무엇인지 성찰했으면 좋겠다.

계절이 바뀌면 설선이 있던 언저리에 가 보련다. 올봄에도 진달래가 흐드러지게 피겠지. 걸맞은 동행이 있다면 절제와 한계에 대해 발맞추며 얘기해보고 싶다.

동짓달 기나긴 밤에

동짓달 기나긴 밤, 새벽에 눈을 뜨니 침실 벽에 수묵으로 동양화 한 폭이 그려져 있다. 몰골법沒骨法으로 그린 커다란 대나무 한 그루. 그 발치에 한 획씩 정성스레 그어져 어우러진 난초 잎들이 무성하다. 하현달과 보안등이 베란다의 대나무야자수와 난초들로 수묵화를 그린 것이다. 작년에 집수리를 한 후 안방에 커튼을 치지 않고 있다. 계절에 따라 변하는 창밖 정원 경치를 침대에 누워 구경하기 위해서이다. 덕분에 새벽에는 멋진 그림자 그림을 선물 받았다.

토요일에 존경하는 수필가와 시인 한 분을 소개 받으며 단출한 망년회로 술을 마셨다. 일찍 집에 들어와 곧 잠들었더니 새벽에 잠을 깼다. 냉수 한 잔으로 갈증을 푼다. 계속 잠이 안 오니 누워서 수묵화를 감상

한다. 빛의 각도에 따라 수묵화는 농담濃淡까지 곁들여 실루엣으로 그려져 있다. 동지冬至를 며칠 앞두고 발자국이 제법 깊이 남게 눈이 왔다. 그 후 매서운 추위가 몰려오니 창백한 달빛조차 따뜻한 것 같다. 창밖 편백나무 위 잔설 바람 불어 쌓여 있던 눈가루가 흩날려 동영상으로 벽에 그림자가 그려진다. 자정에 뜨기 시작했을 서녘 하늘의 하현달 달빛에다 눈雪에 반사된 빛까지 방 안으로 쏟아져 들어온다. 달빛이 방 안에 가득하다. 아내는 고이 잠들어 숨소리는 코 안에서 꼬물꼬물거린다.

벽시계 소리가 유난히 크게 들린다. 째깍째깍 소리는 시간이 흘러간

다는 것을 알려주고, 밤의 적막함은 무한한 우주공간에 한 점으로 내가 존재한다는 것을 알려준다. 나는 한 가닥 철사처럼 몸을 구부렸다 폈다 하며 손으로 닿을 수도 없는 천장을 만지려한다. 내 마음도 시공을 초월하여 평소에 닿지 않던 곳으로 간다. 이 시간만큼은 합리적이고 싶지 않다. 은은한 달빛을 해장술로 마시며 다시 취해보자. 게으르고 싶은 대로 게을러도 된다. 시계의 부속품처럼 반복적으로 돌아가지 않아도 된다는 것이 나를 행복하게 한다.

동짓달 기나긴 밤에 시인 황진이님을 찾아간다. 그녀도 이런 기나긴 밤을 그냥 보낼 수 없었기에 빼어난 시조를 남겼으리라. 서리서리 한 맺힌 그녀의 명작 '동짓달 기나긴 밤' 을 외워본다. 시인은 기나긴 동짓달 밤 한허리를 잘라내어 춘풍 이불 속에 고이 간직했다가 어룬님 오시는 날 굽이굽이 펴려했다. 아마도 그날은 날카로운 겨울 달빛으로 지루하기만 한 밤을 잘라 간직하지 않았을까. 보관한 '동짓달 기나긴 밤' 을 어룬님을 위한 간절한 기다림으로 승화하였다. 동지 무렵 잠 못 드는 밤에 이 시조를 지었을 성싶다.

어릴 적 동짓달 기나긴 밤으로 가 보자. 세 살 때 동생이 태어나자 나는 할머님께 맡겨졌다. 다섯 살 때 둘째 동생이 태어나자 다시 사랑방의 조부님께 맡겨진 후부터가 내 기억의 출발점이다. 할아버님께서 돌아가실 때까지 고향집에서 잘 때면 늘 같이 잤다. 증조부님이 살아계실 때는 증조부님은 아랫사랑에, 조부님은 나를 데리고 윗사랑에 주무셨다. 나는 사랑舍廊방에만 자는 '사랑방 아이' 였다. 내가 초등학교에 들어가기 전에 손님이 오실 때면 내게 '동몽선습童蒙先習' 을 외게 하시곤 흡족해 하셨다. 천지지간 만물지중 유인이 최귀하니 시고天地之間 萬物之衆 唯人最貴 是故로…….

저녁에 쇠죽을 끓이느라 따뜻해진 아랫목에 숙모님이 시집 올 때 해오신 이부자리를 덮고 누웠다. 초등학교 시절 숙제를 하느라 앉은뱅이 책상 위에 켜 있던 호롱불은 내가 잠든 후에 할아버님께서 끄셨다. 팔순이 넘어 돌아가실 때도 몸무게가 80kg이 넘으셨던 장대하신 조부님의 굵은 팔을 베고 나는 잠이 들었다.

화장실에 가려 동짓달 새벽에 일어났었다. 문 열면 마당에 달빛이 은빛으로 가득하였다. 하늘에서 유리 비처럼 쏟아져 내리는 별빛이 은빛에 부딪쳐 튀어오를 것만 같았다. 대문간 채에 있는 변소에 가려면 툇마루를 내려가 댓돌의 신발을 신고 가야 했었다. 캄캄한 그믐 무렵이라면 초롱불이나 관솔불로 밝히고 갔었다. 막내고모로부터 들은 툇마루 밑 귀신이 언제나 나를 괴롭혔다. 마루 끝에서 신발을 찾으며 망설이고 있는데, 마구에서 잠자던 소의 커다란 숨소리가 들려왔다. 소가 있으니 용기를 내어 마당으로 내려갔다. 돌아오는 길에 마루 밑을 살핀 후 급히 올라오느라 신발을 마당 한가운데로 벗어던졌다. 올빼미는 사태沙汰진 언덕 위에서 우후하고 울고, 나는 격자문만 닫고 그 안쪽 밀창은 닫지 않은 채 넓은 할아버지 품으로 돌진하였다.

취했으니 거칠게 내뿜었을 내 입김이 밤새 창가에 서려 안개처럼 뿌옇다. 안개처럼 불확실하였던 젊은 날 잠 못 드는 밤이면 미래에 대한 꿈을 꾸었다. 이제는 추억이 그 자리를 더 많이 차지한다. 과거에 있었던 일이라고 모두 추억으로 남아 있는 것은 아니다. 좋았던지 나빴던지 시간의 풍화작용을 견디고 살아남은 것이 추억이다. 추억은 어떤 근원과 향수로 속절없이 깊어진 삶의 심연이다. 내 말과 행동이 내 마음에 들지 않았던 적이 많았다. 나는 기성 윤리와 현실의 통념을 거부하고 주관적 내면세계를 내세울 반항적인 위인도 못된다. 그런 내가 왜 그렇게 분개하고 못 견뎌 했을까? 절망과 불안한 심리를 감추지 못하여 잠 못 이루었던 최근 몇 년간의 방황도 글을 쓰면서 많이 안정되었다.

올해 남은 동짓달 밤에는 예전에 나누었던 정다운 이야기를 다시 생각해보자. 내 마음에 남아 있는 슬프고 아름다운 이야기들을 모두 껴안고 싶다. 바람 따라 편백나무가 흔들리니 수묵화도 흔들린다. 이제 곧 먼동이 틀 것이다. 수묵화도 자정 이후에 떠서 새벽을 비추던 하현달처럼 아침이면 사라지고야 말겠지. 그러나 넉넉한 '동짓달 기나긴 밤' 은 시공을 초월한 세계로 자유로이 드나들 수 있는 여권旅券을 내게 주었다.

공터의 주인들

우수雨水인 오늘 봄비 대신 따스한 햇살이 쏟아진다. 유난히 추웠던 올겨울 동안 켜켜이 쌓여 있었던 텃밭 눈이 어느새 온데간데없다. 눈 녹은 땅은 발자국 하나 없는 처녀지다. 새 땅을 밟으며 부지런히 거름을 깔던 농부는 허리를 펴고 볏짚으로 감싼 감나무 가지를 만져본다. 부드럽게 휘어지는 가지를 확인하고 다시 거름을 깐다. 죽은 가지는 휘어질 수 없고 부러질 것이다. 휘어질 수 있다는 것은 '살아 있음'의 증거이고 여유이다. 나는 오늘도 이 공터 덕분에 자연을 즐기며 삶의 여유 한 조각을 맛본다.

내 진료실 창 너머 있는 이곳을 사람들은 '상가 앞 공터'라고 부른다. 애초 아파트단지설계에 의하면 이 공터에 상가가 들어서야 했으나

소유주가 건설회사에 땅을 팔지 않아 소위 '알 박기' 가 된 셈이다. 주변시세보다 월등한 가격을 건설회사가 제시했는데도 땅 주인이 지나친 욕심을 부리니 매수를 포기하여 20년 이상 공터로 남아있다. 내 진료실이 있는 상가를 비롯하여 유치원, 독서실 등이 제 위치에 서지 못하였고 도로도 다니기 불편하게 내어져 땅 임자에 대한 원성이 높다.

하지만 내게는 이 공터가 참으로 소중하다. 사방이 시멘트벽으로 둘러싸인 아파트단지 내에서 이 채마밭 300여 평이 있으니 자연의 변화를 늘 감상할 수 있다. 때맞추어 씨 뿌리고 거름 주며 김매고 가꾸어 수확하는 일련의 알뜰한 과정을 보면서 땀 흘려 일하는 가치 또한 느낄 수 있다. "세상에 온전히 나쁘기만 한 일은 없다."라는 말이 떠오른다. 계절이 시작하는 이른 봄이니 이 텃밭이 내게 주었던 사계절을 그려보자.

미나리 밭에 새싹이 파들파들한 봄날이면 대파꽃이 맨 먼저 핀다. 파밭에는 초록 막대 끝에 달린 작은 솜사탕 같은 이 꽃을 차지하려 꿀벌들이 잉잉거리며 모여든다. 파란 무꽃과 노란 배추꽃이 피면 나타나는 배추흰나비들이 봄꿈처럼 나타났다 숨으며 날아다닌다.

초여름 호박꽃 필 때면 이 땅은 꿀 찾아 붕붕거리는 털북숭이 호박벌들 차지이다. 여름 울타리엔 절로 난 연분홍 메꽃이 울 밑에 심은 선홍색 강낭콩과 어우러진다. 후텁지근한 장마 동안 부쩍 자란 도라지꽃들이 다섯 모로 고이 접고 있던 꽃잎을 펼친다. 흰색과 보라색 손수건들이다. 퇴근 무렵 저녁 울타리엔 흰 박꽃이 처연하게 핀다.

처서處暑를 지나면 우거진 고추나무엔 소복이 달린 풋고추 사이로 붉게 익은 고추가 보인다. 고추밭을 작은 울타리로 두른 들깨도 누른빛이 조금씩 들어가며 익는다. 창을 열면 들깻잎 향기가 상큼 뛰어 들어온다. 후각은 기억으로 통하는 길이라고 했던가. 어릴 적 소 몰고 산골 밭 사이 길을 내려오며 맡았던 들깻잎 향기. 그 향기 따라 들려오는 그 때 저녁놀, 동무들의 노랫소리……. 마른 옥수수 대궁 위를 정찰하던 된장잠자리 떼가 사라지면 서리는 이미 와 있고 가을은 간다.

눈 내린 겨울날이면 밭고랑은 순백의 천으로 지상의 허물을 덮는다. 눈 따라 내 마음도 한 해의 허물을 덮고 싶어진다. 눈 온 다음 날 창 너머로 들어오는 은은한 반사광은 마음을 온화하고 평화롭게 한다. 이 서정적 선물은 창 너머에 넓은 공간을 갖는 사람만이 누리는 겨울철 특권이 아닐까.

이곳에 채소농사를 짓는 김 씨 아저씨의 솜씨는 일품이어서 깔끔하고 맛있는 수확물을 길가 작은 원두막에서 팔았다. 나는 종종 미나리,

애호박, 풋고추, 꽈리고추, 가지, 고구마줄기, 깻잎 등을 집에 사가지고 갔다. 아내는 그때마다 좋아 했다. 가끔 가까운 지인에게 선물했을 때 시장에서 살 수 없는 신선한 맛이라며 고맙다는 인사도 들었다.

20년 전 내가 처음 왔을 무렵 김 씨가 놀고 있는 이 땅을 밭으로 일구었다. 이 텃밭이 주는 사계의 생동감 넘치는 변화로 나는 자연을 즐기는 기쁨을 누려왔다. 앞으로도 아파트 주민이 이곳에 건물이 들어서는 것에 동의할 리 없을 것 같다. 계속 농사를 지을 수 있을 테니 김 씨에게는 정말 다행한 일이리라. 이제 그도 칠십을 바라보는 나이다. 그에게 이 땅은 육체적 건강도 지켜주고 용돈도 쏠쏠히 벌 수 있는 좋은 직장이다. 이 땅을 알뜰히 가꾸는 농부야말로 경작하는 면에서는 이 공터의 주인이라고 볼 수 있겠다.

이 공터는 고층 아파트들의 밀림 속에서 숨통을 틔워주는 소중한 공간이다. 인간의 삶에도 이런 빈 공간이 꼭 필요하지 않을까. 우리는 흔히 "마음을 비운다."고 한다. 그 목적은 비움 자체가 목표일 수도 있겠지만, 살면서 놓치기 아까운 것들을 채우기 위한 것일 수도 있다. 이 공터는 자연으로 채워진 '내 마음의 여유 공간' 이다.

세상만사 주인이 따로 있는 것이 아니고 모순이나 역설에 의해 만들어진 존재이라도 누리는 이가 주인인 것은 아닐까. 이 공터의 법적 소유주가 누구든 간에 나도 정서적 주인이라고 주장하고 싶다.

겨울 들풀들

에세이플러스 등단작(신인상)

아침햇살은 아파트 벽에서 산산이 부서진다. 겨울은 맑게 비우는 계절인지 사정없이 햇살을 쏟아 붓고 새파랗게 날선 추위만 남긴다. 매섭게 추울수록 하늘이 높고 깨끗한 것이 한국 겨울 날씨의 특징이다.

어릴 때는 추운 날씨에도 뒷산에 올라 창공에 연을 날린 후, 부엌 쇠죽솥에 언 손 녹이면서, 바짓가랑이에 붙은 도깨비바늘 떼느라 애썼던 기억이 난다. 이런 아름다운 것들은 쉬 가고 가버리면 다시 볼 수는 없는 것인가. 오늘은 겨울 산길을 걸으며 무성했던 시절의 껍질인 마른 들풀들을 만나 보자. 초라하게 말라버린 들풀이지만 어린 시절의 추억들을 들려줄지 모른다.

얼어붙은 개울을 따라 걷는다. 맑은 날씨에 휴일이지만 외진 곳이니

숲속 겨울아침은 고요하다. 모처럼의 적막함이 더없이 반갑다. 산 중턱 샘터까지만 가보자. 맨 먼저 강아지풀과 조금 더 큰 수크령들이 다정스레 반긴다. 강아지풀들은 씨앗이 떨어졌는데도 겸허한 습관으로 반쯤 고개를 숙이고 있다.

시무나무 우거진 개울을 건너면서 얼음이 깨지면서 구멍 숭숭 난 깨엿 깨무는 소리가 난다. 앙큼한 눈을 가진 굴뚝새들이 바삭거리는 소리에 놀라 후드득 떼 지어 날아간다. 새들이 가시가 빽빽한 시무나무 덤불에서 걸리지도 않고 떼로 날아오르는 것이 신기하다. 시무나무에 매달린 마른 박주가리 열매들도 덩달아 달그락거린다. 이미 박이 터져 바람결에 머나먼 곳으로 씨를 날려 보냈으니 고깔모양의 빈 바가지만 남겼다. 그 중 몇 개는 반쯤만 터진 채 산토끼꼬리 같은 솜털이 아직 조금 남아 있다.

어린 시절 박주가리에 대한 추억이 떠오른다. 박주가리를 내 고향 안동에서는 사바구라고 부른다. 칠월이 되면 보리 익는 냄새가 들판을 뒤덮었고, 박주가리도 어린 녹색 열매를 맺었다. 박주가리열매 껍질을 벗기면 흰 즙이 나왔고, 그 속의 덜 익은 연녹색 열매를 먹었다. 열매는 상큼한 향기에 달면서도 사각거리는 살아 있는 아이스크림 맛이었다. 덤불에 주렁주렁 매달린 녀석들을 따먹느라 경호원 노릇하는 시무나무가시에 종아리가 긁힌 줄도 몰랐다.

계속 올라가니 서걱거리는 잎만 몇 개 단 채 빈 밭을 지키는 외로운 수숫대가 보인다. 개나리 울타리엔 돌녹두, 새콩, 닭의덩굴 등의 마른 줄기들만 남아 있다. 산마 줄기엔 콩만 한 아기 마들이 젖 달라 보채는 강아지들처럼 다닥다닥 달려 있다. 탱댕이 줄기는 추위에도 초록색으로 혼자 젊다. 긴 줄기 끝에 닭대가리 모양의 작고 마른 꽃만 달고 있는 것은 달개비이다. 늙은 퇴역장군의 견장에 어울릴 것 같은 빛바랜 붉은 여뀌 꽃, 예쁠 것도 없는 쭈그러진 마른 꽃을 톱니 달린 잎으로 소중히 지키고 있는 방가지똥도 있다.

좀 더 올라가니 두어 키 되는 건장한 마른 나무 세 그루가 두엄더미를 지킨다. 도토라지라고 불리는 1년생 초본인 명아주이다. 큰 것을 골라 뒤틀린 뿌리 채 뽑아 다듬어 청려장青藜杖을 만들면 아주 위엄 있는 지팡이가 된다. 속이 비어 있고 겉 재질이 단단하여 옛날 고승이나 도사들이 들고 다녔다고 하며, 지금도 노인용 지팡이로 인기다. 척박한 토질에서는 보통 50센티 이하로 자라지만 두엄에 키우면 2미터도 넘는다. 이렇게 마른 풀들이 옛일을 연상하게 해주니 심심찮은 산행이다.

이런 들풀들 중에 꽃이 예쁘면 야생화로 분류되어 인간 곁에서 사랑받을 수도 있다. 십수 년 전에 미국의 듀크대학 동양식물원에 갔을 때 한국이 원산지인 몇 가지 식물들이 아주 귀한 대접을 받고 있었다. 그 중에서 세계에서 제일 작고 향기가 빼어나다는 미스킴라일락은 한국의 도봉산이 원산지라 적혀 있어 무척 반가웠다. 귀국하여 북한산에 올랐을 때 이 꽃이 인수봉 아래에 자생하는 것을 직접 확인하였다. 이렇게 소중한 우리 꽃을 놔두고 한국의 정원에서는 주로 키 큰 외국종 라일락만 자라고 있을까.

같은 식물원에서 보았던 제주도 원산이며 세계적으로 사랑받는 크리스마스트리인 구상나무도 비슷한 예이다. 한국은 세계에서 가장 다양한 종류의 백합과 식물이 자생하는 곳이라고 한다. 잘 찾아보면 미스킴라일락이나 구상나무 같은 예가 백합과 식물에도 있을 것이다. 우리의 소중한 식물자원을 아끼고 가꾸지 못한 점이 아쉽다.

들풀 하나하나가 모두 개성 있게 살며 무한한 자연의 가능성을 간직하고 있는 소중한 존재들이다. 최근 다양한 식물의 유전자를 확보하려는 국제적 경쟁이 치열하다. 축구국가대표로 선발되어 월드컵에 나가 뛰는 것도 자랑스럽지만 그들도 TV를 보면서 응원하는 평범한 백성들의 자손이다. 이와 같이 들풀들도 평범한 많은 종들 가운데서 비범한 종이 있지 않을까.

샘터에 도착하여 꽁꽁 언 투명한 얼음 속을 들여다본다. 그 속에도 들풀들이 있다. 아무리 춥거나 덥거나 시련이 있어도 계절은 가고 들풀도 마른 그루터기에서 늘 새싹을 틔운다. 들풀들은 자신에게 주어진 조건을 탓하지 않고 의연하게 살아간다.

나는 어릴 적부터 들풀들 가까이 살다 보니 이들을 많이 이해하게 되었다. 내가 자연을 소중히 여기게 되거나 생태주의 시각을 갖게 해준 것도 이런 덕분이 아닐까. 들풀들은 내게 "세상에 존재하는 생명은 다 존재의 의미가 있다."는 말을 실제로 느끼게 해주었다. 크건 작건, 잘났건 못생겼건 소박한 제 모습으로 사는 들풀들로부터 삶의 방식을 배운다.

2

서울의 시골의사

시–청진기

서울의 시골의사

비장의 무기

‘꽃 할머니’ 와 풍선초

원래 들쭉날쭉한 겁니다

천식치료의 비방

수족구병과 구제역

인문학과 의학

흐르는 강물처럼 천천히 쉬지 않고 쓰자

청진기

이제 의업에 종사할 허락을 받음에
소리를 듣자
가슴 울리는 떨림판으로 들려주는 소리를 듣자

생명을 수태된 때로부터
지상의 것으로 존중히 여기겠노라
뱃속 깊숙한 곳
태아는 양수羊水 바다의 한 섬
심장은 아주 먼 곳에서 온 별처럼 속삭인다

배내털 보송한 가슴 속
이슬처럼 내리는 숨소리를 듣자

환자의 건강과 생명을 첫째로 생각하겠노라
금 간 심장이 덜커덩하는 소리
늑골이 쑥쑥 들어가며 쌕쌕거리는 소리
퉁퉁 부은 위장이 침묵하는 소리
대장이 뒤틀리는 대포소리가 들린다

죽음이 삶을 껴안으려 할 때
뼈 속까지 퍼지는 삶의 의지를
인류봉사에 생애를 바치라는 가르침으로 들어보자

서울의 시골의사

청년의사신문 독서캠페인 공모 수상작

나른한 토요일 오후이다. 끝날 시간이 다 되었는데도 감기 철이라 진료해야 할 대기환자는 몇 명 더 있다. 정시퇴근을 바라는 직원들의 바쁜 마음이 무언가 서두르는 행동으로 나타난다. 흡입치료제를 사용해야 하는 환자만 오면 언제나 진찰시간이 오래 걸리고 내 목소리가 커진다. 오른손에 흡입제를 들고 왼팔로 구부러진 할머님의 등을 감싸며 차근히 설명을 하지만 잘 따라하지 못한다.

"어려우세요? 할머님!"

"깊이 숨을 쉬시고 열 셀 동안 숨을 참으셨다 내쉬세요."

"고개를 약간 숙여야 숨이 잘 쉬어집니다."

"이걸 배우셔야 숨차지 않습니다. 어렵다 생각하지 마시고 천천히

절 따라하세요!"

안타까운 내 목소리는 점점 커져 접수실과 대기실에 울려 퍼진다.

이분은 다른 환자의 소개로 멀리서 찾아온 분이다. 여태껏 천식으로 고생이 많았을 성싶다. 다른 원인도 있지만 약 사용법을 제대로 익히지 못한 것도 중요한 원인이다. 알레르기를 전공한 나는 이런 사정을 잘 알기에 그냥 지나칠 수가 없다. 천식환자에서 흡입약제 사용교육은 젊은 환자에게도 쉽지 않다. 입에 뿌려진 흡입약제가 기관지를 지나 허파꽈리에 도달할 수 있게 숨을 제때에 들이쉬어야 한다. 노인이 되면 반사신경이 느리고 감각이 둔해져 뿌려진 약이 단지 입속에만 머무는 수가 많다. 그래서 노인환자에게는 흡입보조기를 사용하지만 여전히 어렵다. 할머니께서 가지고 온 흡입치료제는 여러 가지인데, 하나도 제대로 사용하지 못하고 있다. 비싸게 샀는데 효과가 없다고 불만이 대단하다.

오늘날 천식치료에서 흡입약제는 효과가 탁월하며 치료에 필수적이다. 먹는 천식 약은 전신적인 부작용과 위장장애를 일으킬 수 있는 단점이 있다. 흡입약제는 먹지 않고 약을 직접 기관지에 뿌리니 이런 부작용이 거의 없다. 흡입약제를 올바르게 사용한다면 예후 또한 과거보다 훨씬 좋다. 더욱이 응급실을 불필요하게 방문한다거나 입원하는 것을 줄일 수 있으니 건강보험재정도 아낄 수 있다.

카프카는 인간의 모순된 행동을 그리는데 천재적 재능을 보여주는 여러 작품을 남겼다. 그 중에서 《시골의사》는 오늘날 한국에서 의사들이 처하고 있는 고뇌를 그대로 보여준다.

눈보라 치는 날 공의公醫인 카프카의 시골의사에게 급히 왕진을 해 달라는 연락이 왔다. 마차는 있었지만 정부에서 말을 준비해주지 않아 마구간이 황폐해진지 오래다. 시골의사는 실의에 차서 말한다.

"봉급이 적고 일은 많지만 나는 가난한 사람들에게 인색하지 않았고 그들을 도와주는 것을 좋아한다. 하지만 정부는 왕진에 필요한 말도 보내주지 않은지 오래되었다. 내가 이토록 모순된 세상을 개선할 수도 없고, 개선하는 사람이 아닌 바에야 그대로 내버려두자!"

'독일의 지성' 이라 불리는 토마스 만은 카프카의 《시골의사》를 이렇게 평했다. 《변신》에서도 보여주었듯이 카프카는 비논리적이고 답답한 '꿈의 바보짓' 을 정확히 흉내 냄으로써 생의 기괴한 그림자놀이를 비웃고 있다. 그러나 만일 그 웃음이, 비애의 그 웃음이 우리들에게 남아 있는 우리가 가진 최상의 것임을 생각해본다면, 세상을 바라보는 이러한 그의 시각의 결과물은 세계문학이 낳은 가장 읽을 만한 작품이라고…….

며칠 후 할머니께서 증상이 좋아져서 다시 오셨다. 다른 의사들은 왜 나처럼 자세히 설명을 해주지 않느냐고 진지하게 물었다. 그동안 고생한 것이 억울한 듯하다. 설명을 하자면 좀 길다고 하는데도 굳이 해달라기에 이유를 말했다.

"흡입약제는 원래 의사가 환자에게 사용법을 설명하도록 개발된 약입니다. 그러니 의약분업의 대상이 될 수 없는 약입니다. 의약분업 이후

한국에서만 약사가 사용법을 설명하게 하니 문제가 생긴 것입니다. 대학병원을 예로 들면 문전약국에서 이런 약을 사와서 다시 진료한 의사를 만나 교육을 받아야 하는데 그럴 수가 없잖아요. 진료를 할 수 없는 약사가 저처럼 진료의자에 환자를 앉히고 약제 사용법을 설명할 수는 없지 않을까요?"

의약분업 이후 실제로는 의사가 복약지도를 할 수밖에 없는데 복약지도 요금은 의사에게 주는 것이 아니고 약사에게 주어진다. 불합리한 제도 덕분에 의사는 약사를 위해(?) 흡입치료제 사용법을 설명한다. 이런 '꿈의 바보짓' 을 자주 하는 내가 천식환자를 많이 보는 이점도 있으니 잘못된 것이라고 꼭 손해만 보는 것은 아니다.

카프카의 시골의사는 고뇌한다. 세상에 공짜는 없었다. 왕진으로 쓸 말이 없으니 시골의사에게 말을 대주는 것은 참으로 고마운 일이나 불한당 같은 말 주인은 하녀(로자)의 정절을 요구했다. 공의公醫로서 역할에 충실하지 못하더라도 가련한 하녀의 보호자로서 충실한 역할을 하는 것이 더 인간적이 아닐까? 한 사람을 구하기 위해 다른 선량한 한 사람을 보호하지 못해도 되는 것인가? 오늘날 한국의 의사도 자신의 의지나 옳고 그름에 관계없이 마치 시골공의가 빌린 말이 주인의 신호에 따라 왕진 환자의 집에 실려 도착하는 것처럼 강제지정 의료보험이라는 말에 실려 가게 되어 있다. 시골의사의 말을 더 들어보자.

"처방전을 쓰는 것은 쉬우나 사람들과 의사소통을 하기는 어렵다. 언제나 불가능한 것을 의사에게 요구한다. 도대체 백성들은 의사에게 무엇을 기대하는 것인가?" 시골의사는 저항하기를 포기한다. "너희가 나를 성스러운 곳에 쓴다면 나도 되는 대로 내버려두겠다. 무슨 더 나은 것을 바라겠는가."

멀리서 백성들의 노랫소리가 들려온다.

"그의 옷을 벗겨라. 그러면 그가 치료하리라."

"그러고도 치료하지 않거든, 그를 죽여라! 그건 그냥 의사……."

카프카의 시골의사는 옷이 벗기어 졌고, 모욕을 당하였으며 발가벗은 채 환자 옆에 강제로 뉘여 치료할 것을 강요받는다. 마침내 그는 환자에게도 무능한 자로 낙인 찍혀진다. 치욕을 당하면서도 자신은 숭고한 사람이니 우월하고 앞으로도 그럴 것이라고 외친다. 이 불운을 시대의 혹한 속에 맨몸으로 내던져 진 채, 지상의 마차(환자를 돌봐야 하는 의무)는 지상의 것이 아닌 말들(현실과 모순되는 의료제도)로 늙은 그를 이리저리 내몰았다. 그의 권위를 상징하던 털외투가 마차 뒤에 걸려 있었지만 환자를 내맡길 때 허물없는 태도를 보였던 누구도 추위를 막을 수 있게 외투를 입도록 도와주지 않았다. 그는 외쳤다.

"속았구나! 속았어!"

열렬한 카프카 찬양자인 알베르트 카뮈는 그의 작품 《이방인》을 쓴 후 인간의 모순된 행동을 쓰는 것은 카프카의 영향이라 했다. 현재 한국 의료제도의 모순은 날이 갈수록 더 심해지는 것을 느낀다. 카프카의 시골의사가 마치 오늘날 한국의 의료현실을 대변하는 것처럼 느끼는 것은 한국의 의사들 중 나만의 느낌일까? 눈보라 치는 벌판에 나동그라진 카프카의 시골의사선생님! 힘이 드시더라도 온힘을 다해 진료실로 돌아오셔야 합니다. 꿈의 바보짓을 위해 현실이 아무리 어렵고 불합리하여도 나 또한 진료실에서 열심히 목소리를 높일 수밖에 없습니다.

비장秘藏의 무기

한미수필문학상 수상작

대기실에서 다급한 소리가 들려왔다.

"원장님 큰일 났어요! 빨리요!"

급히 대기실로 가보니 할머니 한 분이 신음소리를 내며 대기실소파에 쓰러져 있었다. 심하게 기침을 하니 주변 사람들이 피하였다. 39℃를 넘는 열로 몸은 사시나무처럼 떨고 있었다. 낯익은 얼굴이지만 지쳐 있으니 낯설게 보였다. 수액을 맞혀야 할 것 같아 진찰실 대신 곧바로 수액주사실로 옮겨 진찰을 했다.

신종독감이 의심되었다. 필요한 조치를 취하고 다른 환자를 보고 있는데 정맥주사가 안 된다고 다시 나를 불렀다. 정맥을 찾아 촉진하니 고령으로 굳어 고무줄처럼 딱딱한데다 고열까지 있으니 바짝 수축하였다. 이럴 땐 맘속으로 "으라 차!" 하고 주사바늘의 속도를 내어 단번에 찔러야 굳은 혈관이 도망가지 않는다. 단순한 방법이지만 고령 환자 정맥주사를 성공 시키는 나의 '비장의 무기' 다.

잠시 후 신종독감 신속항원검사결과가 양성으로 나왔고 할머니 상태도 걱정이 되어 주사실로 갔다. 신종독감에 걸렸다는 말에 놀랐다. 수액과 해열제 투여 후 열이 내려서인지 너무 걱정 말라는 말에 안도하는 눈치였다. 이렇게 추운 날 어딜 다녀오셨냐고 했더니 고향에 있는 할아버지 산소라고 했다. 고맙다는 인사와 함께 할머니 특유의 나직한 목소리로 "원장님은 괜찮으시죠? 미리 예방주사를 맞으셨을 테니……."라고 했다. 사실은 신종독감 예방법종약이 부족하여 아직 나도 맞지 못했다. 그런대로 겨우 버텨가고 있다고 얼버무렸다.

그분과의 첫 만남은 약 5년 전이었다. 어느 나른한 봄날 점심시간 직전에 정신이 버쩍 들게 하는 일이 벌어졌다. 진료실로 이마에 피를 흘리는 할머니 한 분이 젊은 부인의 부축을 받으며 들어오셨다. 이마의 피를 닦아내고 상처를 살폈다. 상처는 심하지 않아 압박으로 지혈되었다. 진찰대에 누우신 할머니께서는 무언가에 홀린 듯 했으나, 애써 정신을 차리시려는 듯 입술에 굳게 힘을 주셨다. 할머니를 병원에 모시고 온 이는 파출부로 당시 상황을 설명해주었다. 아침에 일하러 할머니 댁에 들어갔을 때 할머니 혼자서 이마에 피를 흘리며 구해달라고 도움을 청했다. 누군가가 자신을 데려가려 해서 끌려가지 않으려 식탁을 잡고 버티는 중이라 했다. 진찰대에 누우신 할머니께 나는 "이제 병원에 오셨으니 안심하세요. 누가 할머니를 데려가려 했는지 기억할 수 있으세요?" 하고 물었다. 할머니께서는 "선생님 괜찮아요. 이젠 됐어요."라고만 했다.

곧 이어 며느리란 분이 달려왔다. "또 큰일 날 뻔하셨군요. '이 양반' 이 자주 헛것을 보고 놀라거나 어지럽데요! 왜 이렇게 어지럽다고만 하는지? 현재 정신과 치료도 받고 있죠!"라며 걱정을 하면서도 짜증스런 말투이다. 오십대 중반을 넘어 보이는 말끔한 부인이 시어머니를 말끝마다 '이 양반' 이란다. 듣고 있는 나는 마음이 몹시 마뜩잖았다. 할머니께서는 며느리가 자신을 '이 양반' 이라고 부를 때 저항할 힘조차 없는 것처럼 보였다.

다음에는 큰아들이 할머니를 모시고 왔다. 아들은 조용히 할 말이 있다며 할머니를 먼저 진료실 밖으로 내보냈다. "우리 어머니가 보통 분이 아니십니다. '이 양반' 이 늘그막에 영감하나 사귀어 지난 10년간 살림을 차렸지 뭡니까! 다정하게 해주던 '그 영감' 을 먼저 보낸 후 지금도 못 잊어서 저러는 겁니다."라고 괄괄하게 말했다. 할머니는 종종 누군가가 자신을 데려가려 한다며 허상에 저항할 때도 있다고 했다. 은행 지점장까지 지낸 자신이 창피하다고도 했다. 며느리처럼 아들 역시 어머니를 '이 양반' 으로 불렀다.

이후 할머니가 고혈압 때문에 주기적으로 내게 오실 때면 늘 파티에라도 참석할 듯이 잘 차려 입으셨다. 나이 들었어도 자신의 모습을 아름답게 꾸밀 줄 아는 분이셨다. 병원에 오시면 할 수 있는 한 성의를 다해드렸다. 정맥주사를 맞으실 때는 꼭 내가 직접 했다. 그럴 때면 다른 병원에서 정맥주사 때문에 고생한 것을 말씀하시며 원장님은 '내 비장의 무기' 라고까지 했다. 가까이 가야 진실을 안다는 말처럼 할머니 곁으로 가까이 가니 많은 것을 털어놓았다. 미국에 있는 딸과 분당에 사는 작은 아들이 보내온 돈으로 경제적인 어려움이 없으나, 큰 아들 내외와 불편한 관계라는 것을 조심스레 내비쳤다. "병원비는 내가 다 내는데 웬 간섭이 그리 많은지 몰라." 하기도 했다.

대학병원에서 보내온 진료의뢰회신소견서에 따르면 할머니의 정신과적인 문제는 상실감으로 인한 우울증을 겪고 있었다. 그로인해 환청과 환시까지 있다고 했다. 많은 것을 잃으면서 늘그막에 얻은 새로운 배우자의 죽음을 경험했기 때문에 우울증을 겪지 않았을까. 원래남편에 대한 미안함으로 갈등도 겪고 있을 성 싶었다. 용기 있게 새로운 삶을 택했지만

전통적 가치관과의 충돌은 불가피했을 것이다.

요즘 고령화로 노인병도 문제지만 건강한 노인들이 고독한 삶을 살아야 하는 것도 큰 문제이다. 하루에 식구들과 대화 한 번 제대로 못하는 노인들도 많다고 한다. 조사에 의하면 65세 이상 한국 노인의 65%가 배우자가 없고, 또한 35%는 동성보다는 이성과의 진실한 대화를 원한다고 한다. 할머니께서 나의 작은 친절한 대화에도 행복해하시는 이유를 알 것 같다. 노인들의 성性문제도 사소하게 여길 일은 결코 아니다. 프랑스의 한 사회학자는 향후 고령화로 일생 두 번 이상 결혼하는 것이 예사인 사회가 오리라 예견하고 있다.

자식이 어머님을 잃은 후 홀로계신 아버님을 장가보내는 것을 면환免鰥이라 한다. 환鰥이란 물고기가 잠들지 못하고 뜬눈으로 지낸다는 뜻이다. 뜬눈으로 밤을 지새는 노년의 외로움은 같은 노인이 가장 잘 이해할 것이다. 홀 아버님의 외로움을 면환하자면 고마운 상대역인 홀 어머님이 꼭 필요할 것이다. 오직 여성에게만 노년에 재혼하였다고 부정적 시각으로 보는 현실이 안타깝다.

'꽃 할머니'와 풍선초

호두만한 초록 풍선은 여름 햇살을 가득 담았는지 보드랍고 팽팽하다. 녹두만한 씨를 보호하려 그리도 큰 공간이 필요한 것일까. 외국에서 온 화초들 가운데 이 넝쿨 꽃에 가장 애정이 간다. 여러 가지 외국 꽃을 키우게 된 건 한 할머니 환자 덕분이다. 어느 가을 날 할머니 한 분이 진료실 문을 조금 열고 말을 건넸다.

"외과도 아닌데 종기 치료하러 와도 돼요?

고운 피부에 밝게 웃는 모습이었다. 검지에 생긴 종기로 1년 넘게 여러 병원에서 치료를 받았으나 낫지 않자 친구의 소개로 오게 되었단다. 손가락 끝에 솟은 콩알만 한 빨간 군살을 건드리면 아파했고 주변이 부어 있었다. 램프가 장착된 돋보기로 자세히 살피니 까만 것이 보

였다. 뽑고 보니 작은 가시였다. 화초에 찔린 것 같다고 했다. 아파트 단지 안에 명의를 두고 멀리 있는 병원만 다녔다며 고맙다는 인사를 민망하리만큼 했다. 나는 운 좋게 가시가 내 눈에 보였을 뿐이라고 했다. 상처는 금방 나았다.

우리 병원에서는 이 분을 '꽃 할머니' 라고 부른다. 손수 키운 거라며 화분에 담은 풍선초 같은 꽃들을 선물하였기 때문이다. 외항선 선장이던 작고한 남편이 세계를 여행하며 희귀한 꽃들을 가져다 주어 꽃을 가꾸게 되었단다. 가시 제거 후 뜨개질을 맘대로 할 수 있다며 기뻐했다. 고맙다며 손수 뜨개질한 예쁜 컵받침이나 내 아내를 위해 덧버선도 선물하였다. 나는 그때마다 진료비를 받지 않으려 할머니와 실랑이를 벌이곤 했다.

이 분을 소개한 할머니는 '떡 할머니' 라고 부른다. 같이 먹을 사람이 없으니 맛이 없다고 떡이며 삶은 옥수수 등을 가져와 병원 식구들과 같이 먹기 때문이다. 교수였던 남편과 사별 후 혼자 지내는데 자식은 가진 적도 없단다. 외국에 사는 양아들이 모신다기에 갔다가, 친구도 없는 낯선 이국 생활이 싫어 다시 왔다고 했다. 두 분은 여학교 동창이라며 고혈압을 치료받으러 매달 함께 내원했다.

'꽃 할머니' 는 나와 친하게 되자 아들 이야기를 털어놓았다. 딸을 셋 낳고 막내로 얻은 아들인데 미숙아로 태어났다. 귀한 아들인데다 남편이 외국에 나가 있는 기간이 길어 아들에 집착하여 산 것 같다고 했다. 누나들은 공부를 썩 잘했는데 아들은 그렇지 못하였다. 그러나 씩씩하게 자라서 가정을 꾸리고 딸 하나를 두었다. 그러던 중 갑자기 직장을 그만둔 후 처자를 놔두고 혼자 어머니 곁으로 와 10년째 살고 있다며 한숨을 내쉬었다.

처음에는 며느리가 잘못된 줄 알았는데 살아보니 아들이 문제였다. 아들은 인터넷을 검색하여 자신의 병에 대해 진단과 처방까지 내렸다. 수 십 곳 이상 병원을 전전하다가 최근 모 대학병원에 가게 되었다. 검사결과 간 기능에 이상이 있다며 간장약을 먹고 있었다. 어머니에 대한 간섭이 심하여 식단도 아들이 시키는 대로 짜야 한단다.

마침내 '꽃 할머니' 가 아들을 데리고 왔다. 아들은 오십대 중반으로 약간 말랐지만 건장하였다. 자신은 류마티스관절염을 앓고 있다며 어느 대학병원처방전을 내밀더니 같은 처방을 원했다. 처방전을 보니 간장약일뿐더러 용량도 상용양의 3배였다. 고용량의 간장약이 류마티스관절염에 효과가 있다는 등 엉뚱한 주장을 폈다.

내가 설명하는 말은 들으려고도 하지 않는 고집불통이었다. 다른 의사들에게도 같은 주장과 요구를 했을 성싶었다. 스스로 해결할 수 없는 고통이 있으니 병원에 왔겠지만 그의 행동을 이해할 수가 없었다. 의사는 감정을 억제하고 이성적 초연함으로 환자를 대해야 한다고 배웠지만 참기 어려웠다. 처음이자 마지막이라 강조하며 원하는 대로 2주치만 처방해 주었다. 어머님이 아들 때문에 고생 많다고 했더니, 그는 자식을 키우다가보면 잘되는 자식과 못 되는 자식이 있기 마련이라고 담담히 대답했다.

어느 겨울날 '꽃 할머니' 가 추운 날씨에도 꽃이 가득 핀 사랑초를 갖고 왔다. 집에 있는 화분을 모두 이 병원에 갖다 놓고 싶다는 부탁을 해왔다. 나는 잘 키울 자신이 없다며 사양했으나 달리 처분할 방법이 없다기에 마지못해 받았다. 할머니는 아파트 경비까지 동원하여 고이 기른 십 수개의 화분을 가져왔다. 안수리움, 황금화월, 알로카시아 등 진귀한 화초들을 받아 창 안팎에 두었다.

다시 온 아들은 인터넷 정보와 직접 진찰하는 의사의 말이 왜 다르냐고 따지듯이 물었다. 그가 알고 있는 정보는 전문가의 입장에서 보면 잘못된 지식이라는 걸 쉽게 알 수 있었다. 무엇이 그가 의사와 의료에 대해 그토록 불신하게 만들었기에 혼자서 병마와 처절하게 싸우고 있을까? 처음 면담 때와 달리 측은한 생각뿐이었다. 나는 완곡하게 정신과진료를 받아볼 것을 권했다. 그의 진단명은 정신적으로 피로하여 신체에 질병이 생기는 정신신체증후군 같았다. 치료하면 좋아지니 좋은 의사를 소개해주겠다고 했으나 그는 단호히 거절하였다.

내게 꽃을 갖다 주신지 1년 쯤 되어 꽃이 보고 싶다며 '꽃 할머니' 가 오래 만에 병원에 찾아왔다. 작고한 남편의 추억과 사랑이 서려있는 꽃들이니 무척 그리웠을 것이다. 반가워서 손을 잡아드렸더니 할머니의 시선은 정들었던 창가의 꽃들을 향하고 있었다. 내가 처방한 혈압약이 떨어진 후 약을 드시지 않았단다. 나는 마음고생도 심하고 혈압이 몹시 높으니 중풍이 올 수도 있다고 조언을 했다. 혈압을 재보니 혈압이 전보다 조금 더 높았다. 처방전을 드리려했으나 할머니는 아들을 잘못 키웠으니 약을 먹을 자격이 없다며 눈시울을 붉혔다. 자식에 대해 무한 책임을 느끼는 이 어머니의 지극한 사랑이 느껴졌다. 눈 밖으로 흘려버리기엔 아까운 진한 눈물이었으리라.

그 후 '떡 할머니' 가 소식을 전해왔다. '꽃 할머니' 아들은 거의 뼈만 남아 있고, 횡포가 날로 심해져서 어머니가 남에게 전화도 못하게 한단다. 그래서 '떡 할머니' 도 찾아가거나 전화하는 것도 삼가하고 있다고 했다. 병원에 화분을 다 갖다 준 것도 화초를 키우지 못하게 하기 때문이라 했다. '꽃 할머니' 가 불쌍하다며 그런 자식이라면 혼자 사는 자신이 더 행복하단다. 남편이 모두 의사인 누나들이 아무리 조언을 해도 전혀 듣지 않는다고 했다. 가까이 의사가 셋씩이나 있는데도 그렇게 해결책이 없었는지 안타까웠다.

며칠 전 절정인 단풍에 이끌려 점심 때 아파트 사이 길을 걸었다. 한

적한 곳에서 낙엽을 밟으며 조용히 발길을 옮기는 분이 눈에 들어왔다. '꽃 할머니' 였다. 뜻밖의 만남이니 무척 반가웠다. 인사말을 하려는데 검지를 입술에 대고 침묵을 당부했다. 여남은 걸음 뒤로 방한모에 두툼한 장갑을 끼고 허리 굽혀 지팡이를 짚은 중년남자가 걸어오고 있었다. 아들이었다. 할머니는 아들과 조용히 고통을 나누며 살고 있다는 걸 보여주고 있었다. 나는 할머니께 잘 가시라는 말 대신에 오른손을 어깨높이까지 올리며 미소를 보냈다.

내게도 가족 간에 필요한 거리를 확보하지 못하여 서로 소원한 아픔이 있기에 할머니 모자가 무척 안타깝다. 아들이 하루빨리 정상으로 돌아와 할머니의 삶을 간섭하지 않았으면 좋겠다. 삶에서 사랑만큼 중요한 것은 없을 성싶다. 그 중에서도 선택의 여지가 없는 부모자식 간의 사랑은 무조건적이라 천륜이라 한다. 그러나 천륜이라도 항상 뜻이 같을 수는 없으니 서로의 삶을 지나치게 침범하면 각자의 생활이 무척 어려울 것이다.

사람의 관절에서 가까운 뼈끼리 바로 맞닿아 생기는 아픔을 방지하기 위해 연골이 필요하다. 사람도 가까운 사이일수록 서로 존중하는 공간이 필요하지 않을까. 창가에 가을이 찾아오니 올해도 소중한 씨를 보호하려 공기를 팽팽하게 채운 풍선이 노랗게 물들었다. 해마다 내게 사랑에 필요한 공간을 깨우쳐주는 풍선초이니 그 씨를 잘 받아두어야겠다.

원래 들쭉날쭉한 겁니다

낯익은 노신사 한 분이 진료실로 들어왔다. 중절모에 단정한 차림이었다.

"원장님, 단도직입적으로 이야기합시다. 진단서 비용이 보통 2만원인 걸 알지만, 병원마다 들쭉날쭉하니 만원으로 해주세요."

할아버지는 의자에 앉지도 않고 할머니가 일층에서 기다리고 있다며 다급하게 말했다. 접수실에서 진단서 발급비용이 병원마다 다르다며 환자들이 직원에게 불평하는 말을 들었지만 막상 내가 직접 당하니 당황스러웠다.

할아버지는 부인을 요양시설에 입소시키려는데 진단서가 필요했다. 나는 직접 진찰한 사람에게만 진단서를 작성할 수 있으니 우선 할머니를 진찰해야 한다고 했다. 그러나 할아버지는 할머니가 매달 고혈압 때문에 내게 진찰 받고 있으니 데려오지 않아도 된다면서 최근에 TV 뉴스에서 들은 진단서에 관한 것을 거론했다. 병원장 직인 찍힌 A4용지 한 장에 2만원 받는 것은 너무 비싸고, 병원에 따라 최고 10배 이상 차이가 나는 것은 시정해야 할 것이라는 내용이었다.

그러나 요양시설 입소용이라면 타인에게 전염시킬 수 있는 병이 있는지를 꼭 점검해야 한다. 나는 진단서 비용도 발급목적에 따라 다를 수밖에 없고 협정요금이니 흥정할 수 있는 것이 아니라고 설명했다. 법적인 문제도 있지만 가까이는 주변 의사들을 고려하고 멀리는 후배 의사들에게도 누가 되지는 말아야 한다는 판단으로 할인을 해주어서는 안 된다고 생각했다. 할아버지는 세상에 흥정할 수 없는 가격은 없고 지금까지 단골로 다녔는데 섭섭하다며 간다는 인사도 없이 훌쩍 진료실을 나가버렸다.

이 분을 처음 만난 것은 10년 전쯤이었다. 조용한 도봉산 밑인 이곳이 노년을 보내기 좋다고 하여 이사를 왔단다. 젊어서 시장에서 일수장사부터 시작하여 새마을금고 이사까지 올랐으며 지금도 성북구 길음시장에서 모르는 사람이 없다고 했다. 팔순이 넘었으나 백 바지에 백구두를 즐기는 멋쟁이다. 고인이 된 영화배우 최무룡씨의 개성상고 1년 후배란다. 진찰을 받으며 옛날 충무로 주변 협객들 무용담을 즐겨했고, 기분까지 맞추어주면 신이 나서 이야기가 길어졌다. 10년 째 고혈압과 당뇨가 있으나 헬스기구를 사놓고 열심히 운동을 해서인지 허리가 꼿꼿하고 목소리도 힘이 있다.

할아버지는 물건을 파는 것과 사람을 택하는 공통점이 있단다. 장사꾼들이 흔히 쓰는 말로 "물건에는 임자가 따로 있다."는 말이 있는데 상품의 가격이나 질에 관계없이 사는 사람이 따로 있다는 뜻이다. 마찬가지로 주변에 의사가 많지만 나와 인연이 있은 것 같으니 할아버지 내외의 주치의를 맡아달라고 했다. 환자들로부터 의례적으로 받는 치사였지만 내게는 최선을 다해 달라는 색다른 형태의 부탁으로 들렸다. 할아버지가 철없던 젊은 시절 가정에 소홀했을 때 할머니가 자녀들과 집을 잘 지켜준 것이 고마워, 이제 자신이 치매가 온 할머니 뒷수발을 할 차례라며 늘 함께 병원에 왔다.

이런 단골 노인환자의 청을 거절한지라 종일토록 마음이 편치 않았다. 퇴근길에 후배 의사에게 사연을 털어놓았더니 자신 같았으면 그 할아버지 부탁을 들어주었을 거란다. 그분의 연령과 경력을 고려하면, 아무리 설명을 잘 해도 의사의 입장을 절대 이해하지 못할 것이며 도리어 섭섭해 할 것이라 했다. 작가인 후배라 그의 의견은 내게 늘 예사롭지 않다. 나는 인정머리 없는 의사인가 아니면 정해진 규범을 지키려 고민하는 의사인가.

진단서 발행에 관한 일은 언제나 의사들을 괴롭히는 일이다. 최근 의사 수가 많아지고 병원 경영이 어려워서인지 진찰료와 진단서 문제로 가끔 사회적 물의를 일으키고 있다. 법적으로 의료행위는 상행위商行爲가 아니다. 정해진 진찰료를 더 많이 받는 것도 불법이지만 깎아주는 것도 환자 유인행위로 처벌을 받게 되어 있다. 진단서 발행도 이와 마찬가지다.

진단서는 그 종류에 따라 요구하는 것이 다르니 정해진 발행비도 다를 수밖에 없다. 진단서가 한 종류인 것으로 오해하면 발행비용이 들쭉날쭉한 것이다. 상해진단서를 예로 들면 세밀한 발행요건이 법적으로 정해져 있으며, 필요하면 판단근거를 제시하고 법정에서 증언도 해야 할 의무가 의사에게 있다. 그래서 상해진단서는 비싸다. 통상 치료기간 3주를 기준으로 검찰이 구속이냐 불구속이냐를 결정한다. 그러니 치료기간이 3주 이상인 진단서라면 의사의 법적책임이 더 무거울 것이고 발행비용도 고가일 것이다.

보험금 수령에 쓰이는 진단서는 작성하기가 매우 까다로워 발행하기를 꺼린다. 화상환자를 예로 들면 보험규정에 심부深部 2도 이상이면 상해보험보상을 받고 그 미만이면 보상을 받지 못한다. 보험회사와 환자의 이해관계가 상충되기 때문에 시비에 휘말리기 십상이다. 이처럼

이해 당사자에 따라 의사의 판단이 불리하기도 하고 유리하기도 하니 모든 이를 만족시키는 것은 애초에 불가능할 것 같다.

진단서는 의사 개인이 발행하는 사문서私文書이지만 사회적으로나 법적으로 공문서公文書의 가치를 지닌다. 사람의 법적 권리는 출생신고로 시작하고 사망신고로 끝나는데, 출생증명서로 시작하여 사망진단서로 끝난다고 볼 수도 있다. 올바른 판결문을 작성할 수 있어야 판사의 자격이 있다면, 제대로 진단서를 작성할 수 있어야 의사 자격이 있다 할 것이다. 진단서는 병원장 직인이 찍힌 A4용지 한 장짜리가 아니고 의사가 체득한 의학적 지식이 담겨 있는 문서이다. 의사가 된지 30년이 넘었지만 진단서를 쓸 때면 나는 늘 긴장하여 손이 떨린다.

다음날 출근하자마자 할아버지에게 할머니와 같이 오라고 연락을 했다. 진단서 비용은 이만 원이지만 만원만 수납하고 만원은 할머니 점심값으로 하라고 했더니 무척 기뻐했다. 할아버지는 어제 병원에서 집으로 돌아가면서 세상이 이렇게 비정한가 하고 눈물이 날 것 같았는데 이제 마음이 풀렸단다. 오히려 떼를 써서 미안하다고도 했다. 내게 왜 하룻밤 사이에 마음이 바뀌었느냐고 묻기에 어떤 노신사가 말한 '세상에는 임자가 따로 있는 것' 이라는 명언이 기억나서라 했다.

"허허, 내가 그랬었지요. 그러면 그렇지 내가 원장님께 그 정도는 대우 받아야 하는 것이 아닌가요? 나 돈 아까워서 그런 것이 아닙니다." 하며 노신사는 협객처럼 어깨를 추스르며 병원 문을 나섰다.

천식치료의 비방秘方

따뜻한 햇볕 한 줄기가 반가운 계절이다. 찬바람이 부니 감기와 더불어 천식 등 알레르기 질환도 많이 발생한다. 과거에 비해 알레르기병도 증가하였고 관심도 점점 높아지고 있다. 가을이면 기억나는 환자가 있다.

몇 년 전 가을에 한 중년 남자를 진료하게 되었다. 첫 대면에서 어디서 많이 본 듯한 얼굴에 낯익은 목소리였다. 알고 보니 유명한 방송의 뉴스진행자였다. 오랫동안 천식과 알레르기성 비염으로 고생하다가 약 3개월 전부터 부쩍 더 증상이 심해졌다고 했다. 뉴스를 진행해야 하는 사람이 코가 막히고 기침이 나며 때로는 숨이 차니 정말 난감하다고 했다. 내로라하는 종합병원, 알레르기 클리닉, 이비인후과와 한의원에다 민간요법을 두루 섭렵하였단다. 그는 알레르기 병에 대해서는 이미 전문가 수준이었다. 서울에서도 외곽에 위치한 내 진료실에 온 것은 뉴스에서 같이 대담하던 분의 권유라 했다.

X선사진에서 천식과 알레르기성비염에 의한 부비강염이 관찰되었다. 진단과 치료는 이미 받을 만큼 다 받은 상태였다. "어려울 때는 기본에 충실해라."는 말이 생각났다. 그에게 내가 만든 알레르기환자교육용 안내문을 주었다. 대기실에서 그걸 다 읽은 후 다시 들어오라 이르며, 진료할 때 즐겨하는 농담을 그에게도 했다.

"경고합니다! 잠시 후 이 내용을 시험 봐서 떨어지면 제게 진료 받을 수 없습니다."

다시 들어와서는 TV뉴스를 진행하는 앵커맨처럼 질문을 했다. 머리가 맑아지라고 메밀베개를 쓴 것이 잘못된 것은 알겠단다. 그가 즐기는 수영은 천식에 좋다고 알고 있는데 안내문엔 왜 나쁘다고 하는지 의아해 했다. 수영선수 박태환도 어릴 적 천식 때문에 수영을 시작했다는 말을 덧붙였다. 더구나 창문을 자주 열어 환기를 시키면 왜 나쁜지 도저히 이해가 안 간다고 했다.

수영이 천식에 좋은 이유는 먼지가 나지 않고 폐활량을 증가시키기에 좋기 때문이라 답했다. 그러나 천식 환자에게 수영은 사전준비운동이 중요하고 후에도 몸과 머리를 완전히 말린 후 밖에 나가야 하는데 그러지 못하니 문제라고 설명했다. 또한 수영할 때 차가운 물에 의해

천식을 유발하기도 하고 알레르기성비염을 유발하여 천식을 악화시킬 수도 있다고 답했다. 환기의 문제점으로 서울에서는 바깥 공기가 실내보다 더 신선하지도 않고, 찬 공기가 알레르기를 직접 유발하기 때문이라 설명했다. 찬 공기라면 설악산 공기라도 피해야 한다고 덧붙였다.

그는 이제야 알레르기에서 환경개선이란 무엇인가를 알았다며 고마워했다. 1주마다 와야 하고 치료결과를 확인하기 위해 2주후 꼭 와야 한다고 단단히 일러주었다. 그러나 안내문대로 잘 지켰더니 1주 만 약 먹어도 괜찮다는 핑계를 대며 한 달 정도 만에 오는 것을 반복하고 있다. 오늘 아침에도 그를 TV뉴스에서 보며 목소리와 그의 알레르기 상태를 살폈다. 비음이 심한데다 1회 호흡에 말하는 단어 숫자가 줄어들고 문장이 짧아지는 걸 보니 며칠 내에 내게 올 것 같았다.

인간은 수많은 외부 물질에 노출되며 살고 있다. 이 때 별일 없이 지나갈 일을 알레르기 체질인 사람은 과민하게 반응하는 것이다. 냉방기와 난방기를 사용하는 등 폐쇄적 환경이 증가하니 계절과 무관한 알레르기병도 급속히 증가하고 있다. 최근 분자생물학 등 과학의 발달로 알레르기 질환을 규명하고 치료하는 방법은 하루가 다르게 발전하고 있다.

천식은 아주 흔한 호흡기 알레르기 질환이다. 기관지가 자극에 의해 과민하게 좁아짐에 따라 숨이 차고, 숨 쉴 때 쌕쌕거리는 소리가 나며 가래와 기침이 나오는 것이 대표적 증상들이다. 때로는 기관지가 심하게 발작적으로 오므라들어 생명이 위험할 수도 있고 야간에 악화되는 경향도 있다. 어릴 적부터 지속적으로 기관지가 좁아져 있으면 나이 들어 그대로 굳어지는 수가 있는데 이를 만성폐쇄성기관지염이라고 한다. 급성으로 기관지가 좁아져 있으면 세균이 자라기 쉬워 급성폐렴에 걸릴 수도 있다.

천식에는 몇 가지 종류가 있다. 알레르기성 천식은 소아청소년기 천식의 대부분을 차지하며 검사를 통해 먼지진드기, 바퀴, 동물의 털이나 분비물, 꽃가루, 곰팡이 등 원인 물질을 찾아낼 수도 있다. 외부에 원인이 있으니 이를 외인성천식이라고 한다. 반면에 성인에서 많이 보는 천식은 내인성천식이라고 한다. 알레르기반응이 아닌 자극에 의해 천식이 발생하기 때문이다. 세균감염, 냄새, 유해 가스, 흡연, 스트레스, 비만, 위식도 역류 등이 원인이다.

천식을 유발시키고 악화시키는 것에는 개인적 요인과 환경적 요인이 있다. 개인적 요인으로는 유전적, 아토피, 기관지 과민성, 성별, 인종 등이 있다. 환경적 요인으로는 실내외 알레르기물질, 대기오염, 호흡기 감염, 약물, 찬 공기, 운동, 음식, 비만, 알레르기성 비염, 부비강염, 흡연, 기상변화, 감정의 변화 등이 있다.

천식의 치료법은 크게 나누어 환경요법, 약물요법, 면역요법 등이 있다. 나의 비방은 다음과 같다. 아무리 다른 것을 잘해도 찬바람을 쐬면 병이 낫지 않는다는 것을 환자나 보호자에게 알려주는 것이다. 알레르기 환자는 몸에 열이 나는 느낌이 있고 더위나 피부에 닿는 이물질감을 잘 참지 못한다. 시원한 것을 좋아하니 문을 열어 놓고 자거나 환기를 자주 시킨다. 겨울에도 자주 문을 열어 집안으로 찬 공기가 들어오게 한다.

그러나 절대로 찬 공기를 직접 마셔서는 안 된다. 찬 공기가 신선한 공기가 아니며 냉기 그 자체가 천식을 유발하기 때문이다. 같은 이치로 찬 음식 먹기, 자전거 타기, 머리감고 금방 외출하기, 수영이나 목욕 후 젖은 상태로 외출하기 등은 꼭 피해야 한다. 특히 노인은 이른 아침 외출을 하지 말아야 한다. 개나 고양이 키우는 것을 피해야 하지만 꼭 키우려면 알레르기항원검사로 원인물질인지 알아봐야 한다. 곡식 중에서 메밀이 가장 흔한 천식 기여 인자이므로 메밀베개는 사용하지 말아야 하고 쑥 베개도 마찬가지이다. 독감예방접종과 폐구균예방접종은 꼭 맞아야 한다.

천식은 만성병이라 금방 좋아지지 않으니 근거 없는 치료에 현혹되기 쉽다. 면역력이 약하다고 면역강화치료를 받은 예도 보았고 체질개선으로 완치할 수 있다는 허황된 소문도 들었다. 비전문가의 치료로 오랫동안 고생한 안타까운 사연들을 많이 접한다. 누구나 의학지식을 접할 수는 있는 세상이나 정확하지 못한 지식은 오히려 해를 끼칠 것이다. 모든 지식이 공개되고 있으니 전문가들 사이엔 학문적 깊이의 차이는 있을지언정 남이 모르는 비방 같은 것은 없다.

수족구병과 구제역

낯익은 할머니가 두 살배기 손자를 체했다며 데리고 왔다. 잘 먹지도 않고 침을 흘리며 열이 나고 보챈단다. 기침은 없었고 코가 약간 막힌다고 했다. 아이의 체온은 39℃이었다. 입안을 보니 작은 물집(수포)들이 잔뜩 돋았고 큰 것은 헐어 있었다. 엉덩이와 손바닥에도 좁쌀만 한 붉은 수포가 많았다. 고열에다 이틀 동안 제대로 먹지 못했는지 탈수에 빠져 있었다. 아이는 수족구병手足口病에 걸려 있었다.

"아니, 수족구병이라고요? 그게 뭔 병이지요?" 할머니는 낯선 병명에 펄쩍 뛰었다.

"사람에게는 수족구병이라 하고, 소나 돼지에게는 요즘 유행하는 구제역이라고 합니다."

내가 차분히 설명하였다.

"뭐라고요? 우리 손자가 그 무서운 구제역이라고요? 작년 가을부터 방송에서 야단이고 시골에서는 소나 돼지를 산 채로 다 파묻었다고 그러던데……."

이틀 동안 체한 병이라 생각하여 집에서 소화제를 먹였고, 특히 수지침을 배운 엄마가 물집 잡힌 손끝을 따주는 등 엉뚱한 치료도 했단다. 잘 먹지 못하는 것은 체한 것이 아니라 입안이 헐었기 때문이었고 열이 나니 입맛도 떨어져서였다. 손발과 엉덩이에 물집이 많이 잡히더라도 가만 놔두면 흉터 없이 절로 낫고, 손을 따면 곪아서 문제가 더 커진다.

먼저 입안을 소독하였다. 해열제 등 증상치료제만 처방하고, 미지근한 물로 샤워시키는 등 집에서 열 내리게 하는 방법을 가르쳐주었다. 이온음료, 꿀물이나 보리차 등 자극성이 없는 수분을 많이 공급해주기만 하면 큰 문제가 없다며 안심시켰다. 만약 계속 못 먹으면 수액주사(링거액)를 맞으러 다시 오라고 했다. 다만 다른 아이에게 옮길 수 있으니 놀이방에 보내지 말 것을 당부했다. 할머니의 조바심에도 불구하고 아이는 예상대로 일주일 후에 완치되었다.

수족구병은 해마다 이른 봄에 발생하기 시작하여 더위지면 사라진다. 수족구병은 원인균에 따라 덜 심한 '온대 형' 과 증상이 보다 더 심한 '아열대 형' 이 있다. 한국에는 주로 '온대 형' 이 유행하고 입원할 정도로 심하지는 않다. 최근 지구 온난화 때문인지 동남아에 많은 '아열대 형' 이 발생하여 사망한 예도 있었다. 그러나 조기에 발견하여 치료한다면 위험하지는 않다.

사람 수족구병에 해당하는 동물 병이 최근 온 나라를 떠들썩하게 하는 구제역이다. 구제역도 수족구와 같은 군에 속하는 RNA 바이러스로 여러 개의 아종亞種에 의해서 발생한다. 소나 돼지 등 발굽이 있는 초식동물에만 발생하니 사람도 원래 초식동물이 아니었을까? 이 병에 대하여 사람 예방접종은 없으나 다행히 동물용으로는 개발되어 있으며 효과적이다. 사람보다 동물에서 병의 경과가 좀 더 심하나 동물도 성체라면 사망률이 5%미만이다. 다만 어린 동물에서는 치사율도 상대적으로 높고 새끼 밴 성체는 유산할 수도 있다고 한다. 돼지는 체중 증가가 더디고 젖소는 우유 생산이 줄어든다. 사람에서도 소아에서 흔히 걸리고 성인은 거의 걸리지 않는다.

이번 구제역은 2010년 11월 초에 내 고향 안동에서 베트남을 여행한 사람들이 옮겨와 발생하였다는 이유로 여러 사람들이 고초를 겪고 있다. 고향에서 축협조합장, 면장 등 직접 업무를 담당하는 친구들은 물론이고 교장이나 사업을 하는 친구까지도 아주 어려운 사연들을 전해오고 있다. 그러나 최근 정밀 유전자검사에 의하면 구제역 균주가 베트남에서 유행한 것과는 다른 종류여서 다른 경로를 의심하고 있다. 처음에는 경제적 손실이 컸으나 시간이 지남에 따라 생매장을 하는 등 '사람 못할 짓' 을 하니 심리적 공황상태까지 이르렀다고 한다. 직간접적으로 또는 인터넷으로 고향 주민들의 말을 들어보았다.

자식 같은 가축들이 영문도 모르고 죽을 구덩이에 들어가는 것을 차마 볼 수 없었다. 정든 짐승과 이별도 서러운데 처참한 생매장을 당하니 심약하여 목숨을 끊은 이도 있었다. 축산 농가 대부분이 가택연금 상태이고 온 동네가 초상집 같은 분위기다. 추위가 한풀 꺾여야 수그러든다고 하니 추위나 빨리 끝나기를 기다리고 있다.

아침 뉴스에 들으니 10여 년 전 대만에서 구제역으로 400만 마리를 살 처분 했는데, 구제역이 끝나도 침출수로 인한 지하수 오염이 더 큰 문제였으며 5년 동안 무려 43조를 쓰며 국가적 재난을 겪었다고 한다.

어느 일간신문에 난 구제역 전문 수의사의 칼럼을 보았다. 매몰시킨 소 · 돼지만 해도 300만 마리가 넘고 보상비 · 방역비 등으로 2조원이 넘는 세금이 지출되고 있다니 어처구니가 없는 일이라 했다. 구제역이 처음도 아니고 약 십오 년 전부터 당국이 구제역에 대한 근본 대책을 수립할 기회가 네 번이나 있었다. 방역 방법도 지금같이 도로를 막고 모든 차량을 무차별적으로 소독할 것이 아니라 사료와 분뇨 운반차량, 사육장을 출입하는 사람을 집중 방역하는 등 보다 세밀한 방법으로 전환해야 할 것을 제안하며 이렇게 말했다.

"지금 한국의 동물 질병관리를 보자. 동물이 아프면 수의사를 찾지 않고 직접 약을 사다 먹이고 주사를 놓으며 질병의 전문분야를 직접 하고 있다. 마치 아이가 아픈데 병원에 가지 않고 엄마가 약을 사다 먹이고 주사 놓는 것과 같다. 이제라도 이 방면의 전문가인 수의사가 모든 가축질병을 통제하도록 행정을 해야 한다."

소와 함께 보낸 추억이 많은 나로서는 구제역 사태에 남다른 감회를 느낀다. 어린 시절 소를 키우면서 느낀 점은 소는 분명 감정이 있으며 영혼까지 소유하고 있을 성싶다. 우리 집에서 낳아 키운 송아지를 팔았을 때였다. 어미 소는 1주간 거의 먹지 않고 눈물 흘리며 울었고 1달간은 먼 산을 바라보며 음무하고 슬퍼하였다. 또 한 번은 키우던 농우를 팔러 가는 날 아침이었다. 소와 헤어지는 것이 서운한 조부님께서 소가 즐겨하는 콩깍지와 등겨를 많이 넣고 죽을 끓여 주었는데도 먹지도 않고 눈을 껌뻑이며 눈물을 흘리고 있었다. 마구간에서 안 나오려 버티던 그 모습이 지금도 눈에 선하다. 소가 이미 눈치를 챘거나 사람의 말을 알아들었을 것 같기도 하였다.

절대적인 육류 수입국인 한국에 구제역 청정국 지위란 어떤 의미가 있을까? 육류를 수출하려면 반드시 청정국이어야 하고 관광산업에 어느 정도 도움이 된다고 한다. 경제적 손익을 따져본다면 지금처럼 막대한 자금을 투자하여 시급히 청정국 지위를 얻을 이유가 없다. 구제역에 걸리지도 않았는데 다만 발생지역 인근에 살고 있다는 이유로 가축을 살처분 하고 있다. 인간에게 없어서는 안 될 소중한 가축이라면 가축의 생명도 존중하는 정책을 폈으면 좋겠다. 구제역 걸린 가축도 질병을 이겨내고 살 권리가 있는 것은 아닐까. 만약 정부에서 구제역 청정국이라는 명예를 위해 살 처분을 했다면 이는 야만적 행위이다.

구제역 치사율 5%미만이라면 그리 겁낼 필요는 없다고 생각한다. 물론 경제적 이유로 키우고 있는 동물을 인간과 같은 기준으로 존중할 수는 없을 것이다. 인간에게 직접 전염되는 병이 아니니 전문적이고 치밀한 방역과 예방접종을 하고 사람 수족구병처럼 자연경과를 기다리는 것이 최선일 수 있다고 많은 전문가들은 말한다. 담당 공무원들도 전문적 지식이 부족하니 무척 고생을 하고 있다. 이제 한국도 다른 선진국처럼 인간이던 동물이던 간에 질병을 관리하는 분야는 일반 행정직이 아닌 전문가 출신 공무원이 행정을 담당했으면 좋겠다.

"아침에 죽이라도 한 번 먹이고 묻었으면 이렇게 슬프지는 않을 것인데……."라며 자식을 잃은 것처럼 슬퍼하던 소 키우는 할머니의 화면이 자꾸만 떠오른다.

의학과 인문학

(의협신보 인문의학 특집기고문)

현대의학은 눈부시게 발전을 거듭하고 있다. 머지않아 인체의 모든 신비를 거의 밝혀낼 수 있을 것 같고, 이에 따라 병을 일으키는 원인이 밝혀지니 치료법에도 그 만큼의 발전이 있을 거라 기대하고 있다. 의학이 이렇게 발전하였지만 해결해야 할 문제점 또한 수없이 많다. 그러면 오늘날 의학이 안고 있는 문제들은 무엇이고 그 해결책은 어디에 있을까.

현대의학은 물리화학적인 세계관에 의지하여 발전해왔다. 즉 환자의 몸은 물리화학적기계이고 의학은 이 기계에 대한 지식이며 의술은 그것을 정비하고 고친다는 개념이었다. 그러나 사람의 몸은 기계가 아닐뿐더러 어떤 기계보다 비교할 수 없게 정교하고 예측 불가능하다. 또한 같은 치료에도 그 반응은 제각각이다.

지금까지 의학은 사람보다 질병을, 치유와 보살핌(healing, care)보다는 처치와 치료(treatment, cure)를 앞세워 왔다고 볼 수 있다. 또한 분석적으로 연구를 하다 보니 전체보다는 부분, 유기체적 모호함보다는 기계적 확실성을 선호하는 성향이었다. 남을 도움으로써 보람을 얻는 의료의 본질이 혹시 경쟁적이고 배타적이지는 않았을까. 불신으로 얼룩진 현대사회에 의료계 또한 일부 연류 되고 있는 것도 부인 못할 사실이다. 물론 이런 문제의 책임이 의사들에게만 있는 것은 아니지만, 이제 의료의 주체인 의사들은 이런 문제에 대한 반성과 그 해결책을 차근차근 내놓을 때가 되었다고 생각한다.

인술은 흔히 자신을 희생하여 환자에게 봉사만하는 헌신적인 진료를 일컫는 말로 여겨져 왔다. 그러나 인술은 소통을 통해 상대방이 진정 원하는 것이 무언지를 알고 보살피는 일이 아닐까. 현대사회에서 인술은 의사의 일방적 희생이 아니고 환자의 신뢰 속에 조화롭게 돕는 것일 성싶다.

의학은 의사와 환자가 소통을 해야만 치료의 목적을 달성할 수 있으니 이미 사회적이고 일면 인문학이라 할 수도 있다. 인문학은 생존의 방법보다는 삶의 의미를 묻는 것이다. 아무리 병이 없어도 삶의 의미를 느끼지 못한다면 병을 앓으면서도 삶의 의미를 느끼는 것보다 못하지 않을까. 그러므로 의학에는 인문학이 꼭 필요하다. 이런 의미에서 세포병리학의 창시자인 독일의 빌효우(Karl Virchow)박사는 '의학은 사회과학이고 정치학은 확대된 의학' 이라 했다.

오늘날 의학이 그동안 잊고 있었던 윤리, 철학, 역사 등 인문학을 불러내기 시작한 것도 이런 이유에서일 것이다. 의사에게 인문학이 필요한 이유는 자신을 반성하고 되돌아볼 기회를 주기 때문이기도 하다. 시대의 흐름을 읽고 준비하기 위해 역사를 배워야 한다. 윤리학은 남을 배려하고 존중하는 것을 가르쳐준다. 철학에서 의학의 궁극적 목적이기도 한 개인과 사회의 행복한 삶의 의미를 배워야 한다. 의사에게 인문학적 소양이 필요한 또 다른 이유는 정서적으로 안정된 의사가 인간을 더 잘 이해하는 의사가 될 수 있기 때문이다.

의학과 문학이 먼 것 같지만 그렇지 않다. 의학도라면 누구나 공부하는 과정에서 에세이와 접하지 않을 수 없다. 일지기 프란시스 베이컨은 "과학논문은 하나의 훌륭한 에세이다."라고 했다. 훌륭한 내용의 의학논문이 글쓰기가 서툴러 정당한 평가를 받지 못하는 경우도 많다. 수필은 경험을 토대로 감동을 주며 아름다움을 추구하는 문학의 한 형태이다. 의사는 진료를 통하여 자연스럽게 타인의 다양한 경험까지 접할 수 있으니 문학 중에서 수필과 가장 연관이 깊을 성싶다.

진료와 수필쓰기의 공통점은 사랑이다. 의학의 기본은 사랑의 실천이며 과학에 앞서 생명에 대한 사랑이 우선이다. 수필 속에는 인간에 대한 사랑이 담겨 있다. 노신, 한스 카롯사, 체호프 등 의사출신 위대한 작가들처럼 의사로서의 체험이 담긴 글을 쓰는 것도 환자를 치료하는 것만큼 가치가 있을 수 있다. 의사와 사회가 소통하는 아주 훌륭한 방법이기 때문이다. 한국에도 최신해, 김사달, 박문하선생 등 훌륭한 의사수필가들이 많이 있었다.

한국의사수필가협회에서는 전국 의과대학 · 의전원생을 대상 제1회 수필공모전을 개최한다. 수필을 통해 의학도들에게 인문의학을 도입하려는 뜻 깊은 이 행사가, 후학들에게 이어져 더욱 발전되기를 간절히 바라며 많은 학생들이 응모하기를 바란다.

흐르는 강물처럼 천천히 쉬지 않고 쓰자

제1회 의사수필가협회 심포지엄 및 전국 의과대학/의전원생 수필공모 시상식을 마치고– 의협신보 특집기사

가을로 가득 찬 울긋불긋한 강변을 달려 의협회관으로 향했다. 발아래로는 한강이 쉬지 않고 천천히 흘렀고 구름이 낮게 드리운 저녁하늘에 간간히 빗방울까지 내렸다. 그날은 생각 깊은 말들을 주고받기에 더없이 좋은 토요일 오후였다.

대회장인 3층 동아홀에 도착하였다. 〈의학 · 에세이를 만나다! 제1회 전국의과대학/의전원생 수필공모 시상식〉이라는 현수막은 한국의사수필이 새로운 장을 연다는 선전포고문이었다. 한국의사수필가협회 이방헌 회장은 인사말에서 "의학은 인간의 육체적 고통을 치유하고 문학은 인간의 아픈 영혼을 치유한다."는 말로 세미나의 화두를 꺼냈다. 1개월이라는 짧은 공고기간에도 불구하고 124편이나 응모하였고,

따스한 마음으로 인간적 고뇌를 그린 작품들을 수상작품으로 선정하였다는 경과보고를 했다.

대회를 주최하는 대한의사협회 경만호 회장은 의사수필을 통해서 의사사회 내부의 소통뿐만 아니라 학생들과 환자, 나아가서 전 국민과 소통하는 초석이 되기를 기원하였다. 서울시 의사회 나 현 회장은 앞으로 수필공부를 하여 수필가협회에 동참하고 싶다고도 하였다.

한국문인협회이사장 정종명님은 축사에서 신변잡기 수필을 지양해야 한다고 충고했다. 미래의 주역은 감동을 만드는 사람이니 미래의 문학 장르인 수필도 그래야 하며, 의사수필은 인간에게 희망을 주는 것에 그치지 않고 사회수필로 나아가야 한다는 과제를 던져주었다.

본격적인 심포지엄 순서로 들어가자 막아 놓았던 봇물을 터트리는 것처럼 수필문학의 물줄기가 터져 나왔다. 한국의사수필가협회 초대회장이었던 맹광호 고문은 한국의사수필의 발자취를 회고하였다. 진료실 안팎에서 일어나는 의사와 환자 사이의 긴장되고 감동적인 이야기를 써야 한다고도 했다.

가천의대 명예총장인 이성락님은 〈의사에게 에세이가 왜 필요한가?〉라는 제목으로 의학교육자로서 입장을 밝혔다. 의사는 인간의 탄생과 마지막 숨고르기를 지켜보기에 다양한 사람들과 소통해야 한다. 환자와 의사가 만나는 의료 현장이야말로 끊임없이 일렁이는 역동적인 곳이다. 한국의학교육에 인문의학을 필수적으로 도입하여 의사가 치료에만 치중하지 말고 아프고 가난한 사람에게 관심을 기울이도록 해야 한다. 에세이는 story telling이고 한국사회에 꼭 필요한 software이다. 이제 인문학의 르네상스 시대가 도래 하고 있다고 했다.

한국일보 주필인 임철순님은 언론인의 입장에서 의사에게는 문학을 통해 조화와 균형을 이루는 게 필요하다고 주문했다. 의사는 직업적으로 늘 갑의 위치에 있으니 글쓰기를 통해 자신의 본래 모습을 점검해보아야 한다. 타인의 글을 통해 다양한 이야기를 듣고 소통해야 한다. 의사는 남녀노소를 다 대하니 그들의 변호인이 되어야 한다. 소통하려는 마음이 중요하고 소통하려고 애쓰는 과정이 사랑이라고 역설했다.

소설가 오정희님은 천천히 끊임없이 써라. 희망도 절망도 없이 매일 조금씩 읽고 써라. 인생의 의미란 무의미한 것들의 반복이다. 생명체는 자기표현으로 존재를 증명한다. 억압된 감정에 대한 자기표현의 욕망, 즉 말하기의 욕망을 분출하는 것이 문학의 출발이다. 누구에게나 있는 무엇인가 결핍된 욕망, 상처, 고통, 실패, 가난 등 말로 할 수 없는 걸 쓰는 것이다. 말이 침묵하는 곳에서 쓰기가 시작된다. 문학이란 결핍이나 잉여의 문제이다. 문학적 표현 방법이 곧 삶의 방식이고 사고의 방식이다. 문학은 상실과 절망을 언어적으로 처리하는 과정을 통해 타인의 고통을 이해할 수 있다. 장식적 미사여구는 피해야 한다. 난무하는 이 시대의 질문 속에서 하나의 답 찾기가 곧 글쓰기다. 플로베르는 "누구나 자기안의 비밀이 있다. 죽음이 포함된 공간이 있다. 글쓰기는 그 공간으로 들어가는 것이다."라고 했다.

문학은 교훈적이어서는 안 되고 답을 주려는 게 아니다. 모호한 그대로, 읽고 난 후 뭔가 남아있으면 좋은 글이다. 수필은 옷깃을 여미는 것이고 소설은 옷깃을 푸는 것이다. 그래서 수필은 품격과 격조가 있어야 한다. 문학에서 과학적 인식이 부족하면 큰 틀과 구성력이 부족할 수 있다. 앞으로 과학도가 더 큰 문학을 할 수 있으리라는 열망을 느낀다.

이동민 회원은 〈의사가 본 의사수필〉이라는 제목으로 말문을 열었다. 의사수필은 의료 현장이라는 특수한 삶의 체험을 수필로 쓴다. 외부세계를 감지하고 의식작용을 통해 인식하면서 형성되는 심상을 수필쓰기에 투사한다. 의사수필이 다른 수필과 근본적으로 다른 점은 없다. 그러나 의사수필가가 특히 유의해야 할 점은 일반 독자들은 의료문제가 사회적인 이슈(의료보험, 의약분업 등)가 되었을 때 대체로 의사에게 비호감적이라는 것이다. 호기심이 바로 호감을 의미하지는 않으며 다분히 적대적일 수 있다. 항상 독자보다 우월하지 않은 수평 관계에서 바라보아야 한다. 진료는 이성에 의해 이루어지지만 수필은 감성에 호소하여 독자를 설득하는 예술작업이다. 의사가 독자보다 낮은 곳에 있을 때 감동을 받는 글이 된다. 정正과 오誤를 다지는 논리성을 따지는 작가의 목소리가 되어서는 곤란하다.

수필은 삶의 기록이라며 심사평(심사위원 손광성, 오세윤, 우한용)을 시작했다. 기록하지 않는 삶은 시간의 흐름을 따라 망각된다. 삶의 가치를

기록하고, 이 가치가 구체성을 가질 때 형상화라 하고, 이 형상화에 성찰이 따를 때 좋은 수필이 완성 된다. 이 기준에 따라 심사하였다. 감성과 이성의 조화는 이상적인 의사가 갖추어야 할 덕목이다. 그래야 환자의 아픔을 이해하고, 의사로서의 판단과 수행이 탁월할 수 있기 때문이다. 상의 등급을 정하는 심사위원들의 마음은 형언하기 어려운 울림으로 가득했다. 삶에 대한 성실성을 보았기 때문이다. 수상자들의 우열을 가늠하기 어려웠고 무한한 가능성을 보여준 작품들을 보았다. 시상식에 이어 대상을 받은 상재형군(강원의전 1년)은 고대 이집트에서는 도서관은 영혼을 치유하는 곳이라 불렀던 것처럼 영혼을 치유하는 것이 문학을 가까이하는 계기가 되었다고 했다.

우리는 이제 겨우 첫발을 내디뎠다. 비록 부족한 점이 많았지만, 이를 내일의 발전 가능성이라 자위해본다. 이번 심포지엄을 통해 가르침을 얻었고 또한 과제가 생겼다. 지금까지 의학은 사람보다 질병을, 치유와 보살핌(healing, care)보다는 처치와 치료(treatment, cure)를 앞세워 왔다고 볼 수 있다. 문학을 통해 인간을 이해하는 심성을 기른다면 보살피는 의술을 펼 수 있다는 가르침을 주었다. 또한 글쓰기를 통해 끊임없이 자신을 성찰해야 한다는 과제가 생겼다.

인문학은 삶의 의미를 배우는 학문이다. 육체적으로 건강하더라도 삶의 의미를 느끼지 못한다면 허무할 수 있다. 인문학 중에서 글을 쓴다는 의미는 인생을 진실하게 살겠다는 뜻이며, 벌거벗은 자만이 진실을 쓸 수 있다고도 한다. 자신에게라도 솔직할 수 있으면 성공한 인생이 아닐까. 대회를 끝내고 아직도 식지 않은 열기로 마당에 나왔을 때 어둠은 온 사방을 뒤덮었다. 그러나 불빛에 비치는 한강물은 천천히 쉬지 않고 흐르고 있었다. 마치 위대한 작가가 글을 쓰듯이…….

3

안동문화에 젖어

시-내 고향 월곡

안동 간 고등어

성주와 제비원 미륵불

이육사와 모메꽃 길

눈 오는 날 할머니 생각

봄비 오는 날 할아버지 생각

목련꽃 당신

내 고향 월곡

지그시 눈감고 그 옛날을 떠올리면
굽이굽이 지내온 세월처럼
아찔한 낭떠러지 베티재 넘어가면 사월 동네

솔숲 우거진 월영대月映臺를 돌아가 만나는
넓은 주머리 모래밭으로 흐르던 구룡, 계곡 냇물은
장마 때면 짓궂게도 학교 못 가게 말렸고

붉은 흙먼지 나는 신작로 따라
우거진 코스모스 길로 가을이 오면
나락이 누렇게 익어 가는 드넓은 수대水垈들판으로
우리는 메뚜기처럼 뛰어다녔지

벼슬이 싫도록 살기 좋은 기사棄仕리에서
질마재 너머 아마리로 내려온 냇물을
장터 앞에서 아리랑고개 다리 밑으로 흘렀지

할배, 할매,
아제, 아지매, 형님, 누나, 동무들이
5일 만에 만나는 미질장터엔
갓 쓰고 흰 두루마기 입고,
지게 지고 매상 대고,
고추 팔고, 고등어 사고, 제삿장 보고,
지서 앞을 지나 면사무소에 들렀다가

쇠전머리 돌아 나오면
막걸리 한 잔 어찌 없었을 소냐!

우체국 오른편으로 올라가
수양버드나무 숲 속 양철지붕에서
아이들 노랫소리 울려 퍼지는 하늘 끝까지
울울창창鬱鬱蒼蒼 거대하게 자란 플라타너스 한 그루를
사각으로 측백나무 울타리가 에워싸면
그 곳이 동무들과 놀던 월곡초등학교!

배나들로 들어온 낙동강은
뱃도목 동네 앞에 뱃사공과 만났다가
부처손과 회양목으로 꾸민 벼랑 아래서
새파란 구미소龜尾沼를 휘감아 흐르고
우지말과 절강 앞 금모래 강변에
소풍 가서 찾은 보물딱지처럼
소중한 추억들을 많이도 숨겨놓았고

아득하게 넓은 도곡, 궁구리 들판을
수수밭과 서숙밭 속으로 구불구불 가로질러
논골재 넘어 수 십 기 고인돌 언덕 앞을 지나
고바우 벼리로 부지런히 흘렀다.

아!
물밑에 잠긴 그곳이
어이 꿈속에만 보이는가!

안동 간 고등어

넘실대던 깊고 푸른 바다에 시퍼렇게 물든 얼룩얼룩한 등살. 맑은 바닷물에서 살아서인지 뱃살은 티 없이 희었다. 두 겹 동그라미로 부릅뜬 눈. 입을 약간 벌리고 있는 걸 보면 아직 할 말이 남아 있다는 뜻일까. 진공포장 비닐에 싸인 살집을 눌러보니 포동포동하였다. 태평양을 누비고 동해까지 펄떡펄떡 뛰어온 힘이 손끝에 느껴졌다. 그리운 고향의 맛을 간직하고 싶어 고등어 두 손을 샀다.

벼르고 벼르다가 서둘러 고향에 간 것은 아들들이 곧 개학을 하기 때문이었다. 팔월도 벌써 하순에 접어들자 들풀 익는 냄새를 앞세우고 가을이 가까이 왔다. 더위를 피하기 위해 한낮을 보내고, 시원한 강바람을 맞으며 발길은 안동민속촌으로 향했다. 강변에 줄지어 선 백일홍

꽃은 초가을 해처럼 붉게 피어 경쾌한 모습이다. 어릴 적 이 길을 오가며 그늘 아래 쉬었던 법흥교 옆 길가 회화나무 자리엔 큰 그루터기만 남아있었다. 동화에서도 읽었던 아흔 아홉 칸 집인 임청각臨淸閣 앞으로 옛날처럼 시원하게 낙동강이 흐르고 있었다.

백여 년 전까지 김해 앞바다에서 안동으로 낙동강 칠백 리를 거슬러 소금배가 들어왔던 시절, 이곳은 배를 대는 포구였다고 한다. 중학교 때 시내로 진학한 후부터 나는 주말이면 이 길로 자전거 타고 시골집을 다녀왔었다. 강변길을 따라 있었던 옛 지명을 떠올려 보았다. 모래톱이 길어서 진긴,長모래, 길 좁은 강변 마을 돗질돼지 길이란 뜻, 수 십 길 낭떠러지 고바우코처럼 생긴 바위, 논골재다락 논이 층층 있어서, 새고개새도 쉬어간 재, 배나들배가 나드는 곳 등 지금은 호수 속에 묻혀서 갈 수 없는 정겨운 이름들. 다리가 없어 자전거를 메고 낙동강을 건너, 두어 시간 후면 시골집에 닿을 수 있었다. 손자가 반가운 할머님은 잊을 수 없는 고향의 맛 간 고등어구이를 마련해 두고 계셨다.

가을은 고등어가 가장 맛있는 계절이다. 헛제사밥 전문식당에서 식사와 고등어자반구이를 시켰다. 노르스름하게 변한 얇고 희던 뱃살이 먹음직스러웠다. 고등어등껍질에는 열을 받아 반쯤 터진 봉긋봉긋한 기포가 돋아 있었다. 어릴 적 할아버님께서 내 밥에 고등어 흰 살을 놓아주시던 일이 생각났다. 젓가락으로 허연 고등어 살을 발라 아들 녀석들 밥에 올려놓아주었다.

안동지방에는 유난히 고등어에 대한 이야기가 많다. 고등어가 많이 잡히는 강구항이 속한 이웃 고을 영덕 부자가 허구한 날 고등어껍질로 쌈을 싸먹다가 살림살이가 망했다는데, 그만큼 껍질이 맛있다는 말도 되고 맛있는 것만 좇아 먹으면 살림이 거덜 난다는 뜻도 될 것이다. 또 "구운 고등어대가리 눈 위로 아홉 번 베어 먹으면 부자 된다."는 속담도 있다. 쳐다보기만 하라는 자린고비에 비하면, 고등어의 입부터 눈까지의 그 좁은 부위를 쪼개서 먹으라는 것이니 인심을 더 베푼 것일까? 또한 옛날에 새 며느리가 부엌에서 고등어 대가리를 굽다가, 자글자글 기름이 돌며 짭조름하게 익어가는 눈깔 한 개를 몰래 빼먹고는 친정으로 쫓겨 갔다고 한다. 고등어대가리 굽는 냄새 또한 어두일미였을 것이다. 어른 허락 없이 함부로 반찬에 손대지 말라는 뜻일 것이다.

내륙인 안동에 간 고등어가 생산되는 데는 지리적 역사적 배경이 있다. 강구항 등에서 잡히는 풍부한 동해 해산물은 소비지가 마땅찮았다. 가까운 소비지로 백두대간 꼬리인 황장재를 넘으면 관찰사급 대도호부가 있었던 안동에 닿을 수 있었다. 항구에서 고등어를 등에 지거나 달구지에 싣고 왔었다. 하루쯤 지나 고등어가 부패하기 시작하면 배를 갈라 가장 먼저 상하는 내장을 버렸다. 하루쯤 더 지나니 살코기도 부패하기 시작했다. 그 제서야 부랴부랴 소금이라도 쳐서 본전이라도 찾으려는 장사치들의 다급한 심정이 노상에서 소금 간을 하게 되었다.

고등어 소금 간을 하는 데는 세 가지 방법이 있다. 첫째로는 고등어를 잡자마자 배에서 하는 것을 제자리간이라 한다. 둘째로 포구에 도착하여 간을 하는 방법이 있다. 소비지역까지 운반 하여 나중에 한 번 더 간을 하는 덧간이 셋째 방법이다. 이 중 안동 간 고등어는 세 번째 방법을 택하였다. 생선은 본래 상하기 직전에 나오는 효소가 맛을 더 좋게 한다. 이렇게 염장을 하면 고등어가 부패할 때 생기는 효소와 묘한 조화를 이루어 그 맛이 향상된다. 고등어를 잡은 후 이틀 정도 운반하면 상할랑 말랑 하는 상태가 되는데, 이 때 왕소금 간을 하면 가장 맛있는 간 고등어가 된다.

이런 오랜 전통이 이어져 내려오다 보니, 지금도 안동시내 큰 시장에 가면 간잽이라는 직업이 있다. 겉으로는 단순히 매우 빠르게 고등어에 소금을 대충 흩뿌리는 것처럼 보일 수도 있다. 실제로는 고등어를 손에 잡자마자 무게에 따른 정확한 소금의 량으로 간을 한다. 오랜 경험이다 보니 다른 지역 사람들은 따라 배울 수도 없어 억대연봉이다. 안동 간 고등어의 맛의 비결에 간잽이의 오랜 경험도 한몫 하는 것이다. 생선 뱃속에 간을 한 고등어를 또한 간잽이 고등어라고도 한다.

영양학적으로 보면 고등어는 단백질, 지방, 칼슘, 인, 나트륨, 칼륨과 비타민도 A, B, D가 모두 풍부하다. 구하기도 쉽고 요리도 쉬운 편이다. 고등어에 함유된 EPA와 DHA 성분은 고혈압, 당뇨병, 치매 예방에 효과가 있는 것으로 알려져 있다. DHA는 특히 성장기 아동의 뇌 발달에 아주 중요한 성분이다. 그 옛날 아프리카에서 기원한 인류가 아시아나 유럽으로 퍼져나갈 때 주로 해안으로 이동했다는데, 그 과정에서 해산물의 DHA가 두뇌를 발달시킨 것과 깊은 관련이 있다고 한다.

옛날에 내륙지방인 안동에서 고등어는 머나먼 바다에서 왔으니 귀한 생선이었을 것이다. 안동 간고등어는 불리한 자연조건을 역이용한 획기적인 산물이었다. 부산이 고향인 한 친구는 내륙지방인 안동에서 간고등어를 특산품화 하여 수출까지 한 것이 신기한 모양이었다. 안동에는 민물 고등어가 나는지, 내가 안동 간고등학교 출신인지 등 엉뚱한 질문을 했다. 안동에는 예로부터 퇴계退溪 이황 선생 같은 거유巨儒와, 임청각 주인인 석주 이상용 선생 같은 독립지사가 많은 이유가 따로 있었다. 간고등어를 많이 먹으면 적당히 간이 되어 사람이 변절하지 않았고, 두뇌발달을 촉진시키는 DHA를 많이 섭취해서 그랬던 것이라고 나도 엉뚱하게 대답을 했다.

수백 년 동안 선인들의 지혜가 소금 간처럼 배어있는 안동간고등어. 신선도를 유지하면서도 적당히 짭조름한, 흉내 낼 수 없는 천하일미는 바다와 육지의 조화로 만들어진 것이었다. 바다는 모든 생명의 고향이다. 향후 현대과학을 이용한다면 더 발전된 바다와 육지의 조화로운 산물이 나올 수 있을 것이다. 이런 기대로 아들들에게 DHA가 듬뿍 든 간고등어를 자주 먹이고 싶다.

성주城主와 제비원 미륵불

삼복더위라도 대청마루에서 낮잠을 자노라면 배가 시려 안동포 홑이불을 걸치고 뒤척이던 어린 시절이 있었다. 어느 날 문설주에서 시끄럽게 울어대는 참매미소리에 눈을 떴더니, 천장고무래에 누런 줄이 천천히 움직이고 있었다. 놀랍게도 황구렁이였다. 나는 외마디소리를 질렀고 달려온 할머니는 우리 집 '집지킴이' 일 것 같다며 대들보에 모셔진 성주 앞에서 무릎 꿇고 빌었다. 이 성주 신앙은 우리에게 무엇이며 언제 어디서 왔을까.

성주의 역사가 담겨 있는 성주풀이에 의하면 '성주가 옥황상제의 맏제자' 라 했으니 성주가 천신天神계통이고 불교전래 이전부터 존재한 민족고유 신앙임을 알 수 있다. 국악인 이생강에 의하면 성주풀이의

가락에 곡을 붙인 것이 국악 시나위의 시작이며, 신라 때 안동 성주 유만수의 몽유병을 치료하려 굿을 할 때, 대신大臣인 유만수를 부른 소리에서 "에라 만수, 에라 대신이야!" 라는 후렴이 나왔다고 하니 참 오래된 우리의 역사이다.

성주풀이를 크게 나누면 민요와 무당이 굿하면서 부르는 성주무가城主巫歌의 형태가 있다. 함경도에서 제주도에 이르기까지 40여 가지나 되는 성주무가의 모든 사설은 안동 제비원이 성주신앙의 종교적 성지라 하고 있다. 굿거리장단으로 부르는 성주무가는 원무당이 긴 명주수건을 들고 춤을 추며 부르는 노래이다. 성주가 안동 땅 제비원의 '솔씨'로 태어나 작은 나무인 소부동小夫棟을 거쳐 아름드리 재목감인 대부동大夫棟으로 자라서 성주목이 된다는 내용을 포함하는 긴 무가인데 다 부르는데 약 30여분이 걸린다.

세마치장단의 구성진 경기민요 "낙양성 십리 허에 높고 낮은 저 무덤은……"을 흥얼거리며 성주의 고향인 안동시 이천동 태화산太華山 기슭 제비원 미륵불을 찾아간다. 까까머리 중학생 시절 소나무를 갉아먹는 송충이 잡으러 간 이후 사십여 년만이다.

빽빽한 소나무 산자락에 모셔진 흰 화강암 마애불磨崖佛은 높이가 십여 길도 넘는다. 자연암벽을 최대한 살려 조각한 몸통 위에 두 길 높이의 머리 부분을 조각하여 얹어 놓았는데 앞면에만 얼굴을 세밀하게 조각하였고 뒷면 바위는 자연그대로이다. 미륵불 옆 연미사燕尾寺가 건립된 것은 서기 634년(신라선덕여왕 3년)이었고 성주신앙의 성지인 이곳에 〈보물 제115호〉인 이 불상이 건립된 것은 불교가 전래된 지 오백 년이나 지난 11세기였다.

잔잔한 미소로 '솔씨공원'을 내려다보는 미륵불의 인자한 얼굴은 전형적인 부처의 모습이 아니다. 전체적인 모습은 두루마기를 입은 훤칠한 한국사람 선비 같다. 이 미륵불의 모습으로 보나 이곳이 지금껏 성주신앙의 성지로 남아 있는 것으로 미루어 성주 신앙과 나중에 들어온 불교가 자연스럽게 접목했을 성싶다. 불상 아래 아낙네들의 지성은 끝이 없어 보인다.

미륵불의 어깨부위에는 집을 지었던 금당金堂기둥자국이 아직도 선명히 남아 있다. 부처님 두상을 닫집 형태로 보호하던 이 금당누각은 500여 년 전 안동의 지방지인《영가지永嘉誌》에서 "아득하게 높다란 지붕 추녀가 마치 반공중에 나래를 편 듯하다."고한 건축물이었다. 무려 천 년을 지탱하다 불과 100년 전도 안 되는 일제초기에 무너졌다니 참으로 안타깝다. 국권을 잃지 않았다면 보존할 수 있었을 성싶은 이 누각을 복원할 수는 없을까.

이 누각을 지은 목수가 천하제일의 목수자리를 두고 다투다 제비가 되어 날아갔다는 전설과, 이 미륵불을 축조할 때 천하제일의 석수자리를 두고 형제간에 시합을 벌인 이야기 등 이 누각과 미륵불에 얽힌 십여 개의 전설이 있다. 이처럼 제비원을 축조한 목수와 석수를 천하제일로 칭송하고 있는 것은 이곳이 성주의 고향이라는 것을 보여 주려함 일 것이다.

안동은 문화재급 목조건물의 보고인데 한국에서 가장 오래된 목조 건축물인 〈국보 제15호〉 봉정사의 극락전, 세계문화유산인 하회마을과 병산서원, 99칸 집인 〈보물 제182호〉임청각과 군자정 등이 대표적이다. 10여 년 전 엘리자베스 2세 영국 여왕이 안동을 방문하여 여러 목조건물들을 두루 살펴본 후 서양에서는 볼 수 없는 아름답고 정교한 조각 같은 건물이라며 찬사를 아끼지 않았다. 이런 빼어난 목조건축물은 성주문화 덕분이다.

목조문화재가 안동에 많은 또 하나의 이유는 좋은 소나무 생산지이기 때문이다. 금강산에서 경북 북부까지 백두대간을 따라 자라는 금강송은

춘양목, 황장목 혹은 안동목 등으로 불리며 살아서 천년, 죽어서 천년을 간다는 기림을 받는다. 특히 100년 이상 된 나무는 속까지 누렇다 하여 황장목黃腸木이라 하며 대궐을 짓는 고귀한 재목이다. 일본 국보 제1호인 '목조미륵보살반가사유상' 도 신라에서 건너간 이 목재로 만들었다.

옛날에는 궁궐을 포함하여 방방곡곡 모든 집에 성주가 모셔져 있었다. 소나무를 섬기는 것에서 출발하는 성주신앙은 자연친화적인 우리네 집지킴이다. 걱정을 덜어주고 억울한 가슴을 어루만져 줄 뿐 눈을 부릅뜨고 꾸짖는 존재가 아니다. 그래서 성주신은 집의 중심인 대들보에 위치한다. 새로 지었을 때 "새 성주님을 모셨다."라고도 한다.

어릴 적 우리 집에서는 설날이면 새벽에 차례보다 먼저 성주 제사를 지냈다. 대청마루 성주 기둥 앞에 시루떡, 채소, 육포, 어물, 과일과 맑

은 술을 차려 놓고 의관 정제한 직령도포차림의 조부님이 절을 하는 것으로 시작되었다. 성주 제사상차림은 여느 때와 달랐다. 떡은 시루에 담긴 채로, 과일은 자연 그대로, 생선은 끝만 다듬어 올렸다. 올린 음식을 조금씩 떼 내어 한지에 싼 후, 고무래 공간에 던져 넣으며 한 해 소원을 빌었다. 형식이나 절차로 미루어 볼 때 유교식 제례가 들어오기 전부터 있었던 우리의 전통양식일 것 같다.

성주신의 상징으로서 예배의 대상이 되는 신체神體는 깨끗한 한지를 네모지게 여러 겹으로 접어 대들보에 동여맨다. 다른 신체로는 성주단지가 있는데 쌀을 담아 백지로 봉하여 모셨고, 단지 속 쌀은 햅쌀이 나오면 갈아주는데 묵은 쌀로 밥이나 떡을 해 먹으면 복이 온다고 믿었다. 성주단지는 안방의 시렁에 모시기도 하나 우리 집에서는 안방 벽장 동쪽 구석에 모셨으며 이곳을 성주머리라 하여 근처에서는 늘 조신했다.

성주는 일제강점기와 근대화를 거치며 '미신타파' 라는 굴레를 쓰고 사라져가고 있다. '솔씨공원' 을 떠나며 어쩌면 내가 어려서부터 성주문화를 체험한 마지막 세대일 거라는 생각이 드니 더욱 안타깝다. 전통문화인 성주와 외래문화인 불교가 제비원 미륵불에서 화합하였듯이 다양한 종교를 믿는 현대사회에서도 신앙이 아닌 전통문화로서 성주문화를 이어갈 수 있으면 좋겠다.

이육사李陸史와 모메꽃 길

출근길 강 언덕에 연분홍 모메꽃들이 흐드러지게 피어 반긴다. 근래에 이육사李陸史 선생이 태어난 안동시 도산면 원촌리 불미골을 중심으로 '이육사 문학길'을 만들었는데, 그 안에는 '모메꽃길'도 있다 한다. 조국독립을 위해 어떤 절망에도 굴하지 않은 삶을 살았던 선생과 연약한 이 꽃은 어떤 연관이 있는 것일까? 그 길을 걸으며 그 꽃을 보고 싶어 고향나들이에 나선다.

불미골에 왔으니 '이육사 문학관' 앞 선생의 동상에 인사부터 드리자. 문학관 앞 선생의 육형제 생가인 육우당六友堂을 지나 '청포도 시비詩碑' 앞에 와 '청포도 샘물'에 손을 씻는다. 달려온 피로가 다 풀린다. 여기서부터 동구 앞 나루터까지가 '모메꽃길'이다.

강바람이 시원하게 불어오는 들판을 걸어가니 길섶에서 모메꽃들이 반긴다. 수수한 얼굴의 연분홍색 이 꽃은 언뜻 보면 나팔꽃처럼 생겼다. 의지할 곳이 없는 들판이라 줄기끼리 서로 부둥켜안으며 자라고 있는 것일까. 꼬마 우산을 정성스럽게 접은 것 같은 모메 꽃망울들은 풀밭 위에 떠다니는 종이배의 돛처럼 올망졸망하다. 한낮에 여우비가 온 터라 벼름간의 숯처럼 뜨겁던 여름해도 열기가 식어 한결 걷기가 수월하다.

나루터로 가는 길에서 불미골을 바라본다. 선생은 〈초가草家〉에서 "수묵화 같은 동리 앞/ 보리밭에 나물 캐러 간 가시내는/ 종달새 소리에 반해/ 빈 바구니 차고 오긴 너무도 부끄러워/ 두 뺨 위에 모메꽃이 피었다."라고 모메꽃을 노래하였다. 선생은 이 시에서 젊은이들은 모두 돈 벌러 떠난 피폐한 고향의 풍경을 애달파하고 있다. 그나마 빈 바구니를 채울 수 있는 모메라도 있었으니 얼마나 다행이었을까.

여기서 지척인 내 고향동리에도 어릴 적 이맘때쯤이면 모메꽃이 만발하였다. 봄날이면 언 땅이 녹아 모래가 파인 언덕에 모메 뿌리들이 허옇게 드러났다. 겨울을 땅 속에서 보낸 뿌리를 날로 먹으면 달짝지근하였고 쪄먹으면 파삭한 맛이 더했다. 모메는 고구마와 같은 과의 여러해살이풀로 해마다 같은 곳에서 자라며 꽃은 나팔꽃과 흡사하다. 놀다가 상처가 났을 때 모메 줄기를 부러트려 나오는 끈적끈적한 흰 진액을 바랐더니 빨리 나았다.

모메는 기름진 땅을 마다하고 오히려 모래가 섞인 척박한 땅에서 더

잘 자란다. 선생이 〈꽃〉에서 "동방은 하늘도 다 끝나고/ 비 한 방울 나리지 않는 그 땅에도/ 오히려 꽃은 발갛게 피지 않는가……"라 노래한 꽃도 소박하고 가난한 모메꽃일 것이다.

척박한 땅에서 자랄지라도 모메 뿌리에는 소중한 자양분을 간직하고 있어 휘지 않고 잘 부러진다. 비록 가난하지만 인색하지 않고 옳은 일을 위해서라면 부러질지언정 자신의 뜻을 굽히지 않는 선비를 닮았다고나 할까.

이육사선생은 퇴계退溪선생의 14세손이다. 선비는 가난해야 본 모습이 나온다는 퇴계선생의 가르침을 잊지 않고 일생을 선비이자 독립투사로 살았다. 〈광야〉에서 눈 내리고 매화향기 홀로 아득할 때 뿌리고자 했던 가난한 노래가 바로 선비의 노래가 아닐까. 선생의 일점혈육으로 이육사문학관 관장인 이옥비 여사의 한자는 '李沃非'다. 선생이 직접 지었다니 이름 그대로 '기름져서는 안 되고, 윤택하게 살지 말라'는 일생의 당부일 성싶다.

너른 백사장이 펼쳐 있는 나루터 앞은 수필 〈은하수〉의 배경이다. 바닥 모래가 훤히 보이는 작은 시내를 맨발로 찰방찰방 건너 백사장으로 가니 온몸이 다 시원하다. 이 백사장에서 어린 시절 선생은 시 짓고 말 타며 조부로부터 밤이 이슥하게 삼태성, 남극노인성 등 별자리를 배웠다고 했다. 여름 장마로 큰물이 지고 나면 멋진 돌이 많아, 아침이면 부지런히 강변에 나가 화단에 놓을 돌들을 골랐다고도 했다.

해는 이미 서쪽으로 〈광야〉의 시상詩想을 낳았다는 '쌍봉 윷판대' 로 기울어지고 있다. 강줄기를 따라 동쪽을 바라보니 검푸른 소沼위에 장검처럼 솟은 바위 봉우리인 칼선대에 구름이 걸려 있다. 매서운 계절, 서릿발 갈라져 한 발 내디딜 곳도 없는 칼날 위라 무릎 꿇을 수도 없다는 〈절정〉의 긴장된 시상 그대로이다.

흐드러지게 피어 있던 강변 모메꽃들이 저녁놀에 일제히 지는 것을 보니 이 꽃에 얽힌 충성스런 한 병사의 전설이 떠오른다.

옛날 어떤 전장에서 주력 부대와 앞선 돌격 부대의 길을 연결 해 주는 임무를 맡은 충성스런 연락병이 있었다. 그는 적군의 진격방향을 표시하는 임무를 완수하자마자 적군에게 잡혀 죽고 말았다. 적군은 이 병사가 만들어 놓은 표지판을 반대 방향으로 돌려놓았다. 아군이 약속한 장소에 도착해보니 병사는 죽어있고 피 묻은 나팔 모양의 꽃이 표지판 반대쪽을 향해 피고 있었다. 아군은 그 꽃이 죽은 병사의 영혼일 거라고 생각하고 꽃이 가리키는 방향으로 진군하여 큰 승리를 거두었다. 이후로 이 꽃의 꽃말이 충성이 되었다.

백성을 일컬어 흔히 풀뿌리라고 한다. 탄압을 당하고 쓰러질지라도 풀뿌리처럼 줄기차게 일어나 삶의 꽃을 피운다는 뜻이다. 위기에 처했을 때 우리 민족은 관官이 아니라 자발적인 백성들의 힘으로 어려움을 극복하는 저력이 있다. 고려의 삼별초, 임진왜란, 병자호란 때의 의병과 근세에는 일제에 항거한 독립운동이 다 그러하였다.

뿌리뿐만 아니라 어린잎도 먹을 수 있는 모메는 춘궁기에 백성들의 배고픔을 달래주었던 고마운 들풀이다. 창이나 칼에 다친 상처를 쉬 아물게 하고 부지런히 꽃까지 피운다. 나라 잃은 백성은 모메꽃처럼 서로 끌어안으며 끈질기게 버텨야 했다. 요즘 진한 빛깔의 꽃들에 밀려 우리에게서 멀어졌으니 이 꽃에게 미안한 생각이 든다. 만약 내게 '우리 민족의 풀꽃' 을 무엇으로 정하면 좋겠냐고 묻는다면 망설이지 않고 모메꽃이라고 답하련다.

오늘따라 익숙한 이곳 산세와 강물의 흐름이 더 준엄하고 깊어 보인다. 이육사선생이 형극의 길을 넘어 죽음마저 극복하고 아름다운 자연을 노래하는 많은 작품까지 남길 수 있게 한 뿌리가 바로 이곳이 아닐까. 선생은 차디찬 겨울에 북경감옥에서 모진 고문을 당하여 홀로 생을 마감했던 터라 한 마디 유언도 남기지 못했다. '모메꽃길' 을 걷고 나니 "가난하더라도 인색하지 않고 백성을 사랑하며 모메꽃처럼 부지런히 살아 꽃을 피우라!"는 초인으로 산 한 독립투사의 유언 같은 외침이 들리는 것만 같다.

참고, 모메꽃은 메꽃의 안동지방 사투리

눈 오는 날 할머니 생각

창밖에 함박눈이 내린다. 눈은 감나무 가지에 흰 시루떡처럼 쌓이고 감꼭지 위에는 커다란 목화송이를 만들었다. 무명 여러 필을 널어놓은 것 같은 텃밭의 눈을 보니 무명옷을 즐겨 입던 우리 할머니 생각이 난다.

할머니를 떠올리면 흰머리 흰 얼굴에 '두 손 모아 비는 모습' 이다. 소원이 그렇게도 많았던지 정월에서 이월까지 대청에 매일 정화수를 갈아놓고 지성至誠을 드렸다. 옛날 우리 집에서는 성주와 이월할머니와 삼신할머니를 모셨다. 성주는 두꺼운 한지로 접어 대청마루고무래 기둥에 띠로 매어 모셨고 삼신할머니는 안방 시렁 위 고리짝에 모셨다.

설날 새벽이면 차례 지내기 전에 성주제사를 지냈다. 대청마루 성주기둥 앞에 시루떡과 나물, 육포, 어물, 과일과 맑은 술(집에서 담은 동동주)

을 차려 놓고 할아버님이 절을 하는 것으로 시작되었다. 성주 제사상 차림은 여느 때와 달랐다. 떡은 시루에 담긴 채로, 생선과 과일은 끝만 다듬어 올렸다. 올린 음식을 조금씩 떼 내어 한지韓紙에 싼 후, 고무래 공간에 던져 넣으며 소원을 빌었다. 성주란 불교가 들어오기 전부터 있었고 조상신 중에서 가장 으뜸 되는 신이다. 한반도 성주의 고향은 민요 성주풀이에도 있듯이 경상도 안동 땅 제비원이다.

이월할머니는 매년 이월에 내려와 한 달 동안 집안에 머물렀다. 이월 초하루이면 할머니는 새벽 일찍 일어나 목욕재개 한 후 이월할머니께 지성을 드렸다. 무릎 꿇은 후 식구마다 태어난 간지干支를 적은 한지를 태우며 빌었다. 비는 데는 이력이 나신 할머님은 목소리도 구성지셨다. 내 차례가 되면 "을미생乙未生 우리 맏손자 올 한 해도 무병하고 공부 잘하고 먹고 자고 먹고 자고 아무 탈 없이 지내게 해주시옵소서!"를 세 번쯤 반복했다.

할머니가 이월할머니를 더 정성으로 모시게 된 연유는 마흔 여덟에 삼촌을 낳았기 때문이었다. 늦둥이가 바위처럼 무병장수하라고 증조모 산소 앞 너래 바위에 팔았고 때맞추어 그곳에도 간절히 지성을 드렸

다. 삼신할머니가 자손의 생산을 책임진다면 이월할머니는 가정의 건강과 풍요를 책임지는 여신女神이다.

내가 초등학교 6학년으로 올라가던 해 정월 대보름날 할머니는 내 손을 잡고 서낭당 뒷산에 올라갔다. 달이 떠오르자 두 손을 모으고 "을미 생 우리 맏손자 올해 중학교 시험에 꼭 붙게 해주소서!"를 계속했다. 그 덕분인지 나는 원하던 중학교에 무난히 합격하였다.

내 고향 동네를 동구에 신선이 놀만한 큰 바위들이 모여 있다하여 선암仙巖골이라 부른다. 늙은 느티나무가 뿌리를 내린 선암의 뒷산은 백호등이라 한다. 백호등에 널어놓은 명다래목화송이가 눈처럼 피면 나는 다래끼를 매고 할머니와 다래 밟으러목화송이에서 목화솜을 따는 것 갔다. 높은 곳이니 먼 들판을 바라보며 "나는 크나큰 집에서 자라서 크나큰 집으로 시집왔다."하시던 할머니 모습이 눈에 선하다. 할머니는 사대봉사四代奉祀하는 집에서 사대봉사 하는 집으로 시집온 것을 언제나 큰 자랑으로 여겼다.

할아버지가 어린 신랑 12살이었고 할머니는 네 살이 더 많은 16살이었을 때 백년가약을 맺었다. 할아버지가 아들이 없는 큰아버지나의 증조부에게 양자 왔으니 할머니는 시조부모 2분과 시부모가 4분친가, 양가을 모셨다. 어른들이 아무리 너그러웠더라도 시집살이가 무척 어려웠을 것 같다.

어릴 적 할머니가 친정 갈 때는 날 데리고 가곤했다. 십리쯤 산길을 걸어가다가 할머니 친정집인 선외가 동네가 보이는 언덕에 이르면 할머니의 어머님 산소가 있었다. 길에서 멀지 않은 그곳에 들러 절 두 번 하고 무언가를 비셨다. 할머니가 기뻐도 슬퍼도 눈물이었던 것은 열두 살 어린 나이에 어머님을 잃었기 때문은 아닐까.

친정 가는 길에 계란처럼 높고 가파른 고개가 있어 '달걀 재' 라고 하며 굽이치는 낙동강을 따라 은빛 모래사장이 여러 군데 펼쳐져 있었다. 고개를 내려가다가 보면 둘레가 몇 아름이나 되는 마당만한 반송盤松이 위용을 자랑했다. 그 소나무에는 높지 않은 곳에 엉켜진 가지를 바탕으로 깔아놓은 맷방석이 있었다. 그곳에서 호랑이가 개나 아이를 잡아와 먹었다는 얘기를 들었으니 그 옆을 지날 땐 오싹하여 쳐다보기도 어려웠다.

선외갓집은 오래되기도 하였고 무서웠다. 그 동네에 사는 초등학교 동무들 말로는 밤에 스스로 울어 귀신집이라 했다. 퇴락하여 벽까지 일부 무너진 커다란 집에서 나는 무서움에 떨며 할머님을 꼭 껴안고 잤다. 안동댐으로 수몰될 지경에 놓인 그 집을 지금은 영남대학교 박물관에 보존되고 있다고 하니 언제 꼭 들러보고 싶다.

할머님 손을 잡으면 대나무처럼 굵은 마디에 손가락도 비뚤어져 있었다. 봉제사나 명절 등으로 떡 할 일이 많아서 디딜방아 호박에 찌어서 여러 번 다쳤다고 했다. 손자들 코딱지로 등이 마를 날이 없었지만 많은 손자들을 한 번도 귀찮아한 적이 없었다.

할머님은 폭풍우 치는 가을날 새벽에 중풍을 맞으셨다. 쓰러진지 이

틀 후 정신이 약간 돌아오자 나 한 번 보고 싶다고 한다는 소식을 들었을 때, 시골로 가는 마지막 버스는 이미 떠나버렸다. 중학교 2학년이었던 나는 단숨에 사십 리 길을 달려갔다. 노루꼬리처럼 짧은 가을 해가 떨어진 것도, 산길을 홀로 가는 두려움도 소년에게는 문제가 되지 않았다. 밤중에 낙동강을 건널 때 보름이 가까워 달빛이 훤히 길을 비춰주어 다행이었다.

누워 계신 할머님을 뵈니 눈물을 많이 흘려서인지 퉁퉁 부은 얼굴이셨다. 할머님을 부르자 눈물만 더 흘리셨다. 일주일 정도 투병하시다가 음력으로 시월 보름날 한 많은 칠십이 세의 생을 마감하셨다. 그때 무서리는 벌써 내렸고 발갛게 익은 감이 주렁주렁 달린 뒤란 감나무 밑에서 꽃상여를 만들었다. 나는 아직 그때 상여소리를 기억하고 있다. "간다 간다 나는 간다! 칠십둘에 나는 간다! 정들었던 선암골아! 너를 두고 나는 간다!"

봄비 오는 날 할아버님 생각

제7회 보령수필문학상 수상작

마당 가득 봄비가 내렸다. 살구나무 가지엔 분홍 꽃망울이 다닥다닥 달려 있었고 두엄더미에서는 김이 무럭무럭 올라왔다. 경칩驚蟄에 농사지을 물이 넘쳐나니 할아버지는 춘수는 만사택春水滿四澤이로구나 하며 돗자리 짜던 손에서 고드래 돌을 가만히 놓았다. 슬며시 필사본 당음오언唐音五言을 펼쳐 "마상에 봉한식馬上奉寒食하니……."를 읊기 시작했다.

비 오는 날이면 할아버지는 돗자리를 엮곤 했다. 달그락 달그락 고드랫돌소리를 따라 할아버지의 손끝에서 왕골이 엮어져 격자무늬 고운 돗자리로 태어났다. 상큼한 왕골풀 냄새가 방안에 가득한 날이었다. 어린 나는 먹 갈고 붓 적셔 신문지 위에 서툰 글씨로 '소년이노 학난성

少年易老 學難成' 을 써 내려갔다. 할아버지는 "이룰 성成자 끝에서는 붓끝이 금방 올라가지 말고 힘을 주어 잠깐 쉬었다 올라가야지!"라며 말끝에도 힘을 넣었다.

할아버지는 글 읽기는 즐겼으나 큰 선비는 아니었고 어린 시절 공부하기 싫어해서 생긴 일화도 있다. 십여 대 종통宗統을 이으려 백부님께 양자를 가신 할아버지는 일가의 주손胄孫이니 독선생獨先生을 두고 한학을 공부했다. 주변의 기대에도 불구하고 책읽기가 싫어 견디다 못한 할아버지는 더 이상 공부를 하지 않겠다고 결연히 선언했다. 일제 강점기라 친구들처럼 신학문을 해도 써먹기 어려운데 구舊학문을 배우는 것이 더 싫다고 했다. 손자의 뜻밖의 반항에 당황한 나의 고조부는 불호령을 내렸다.

"공부하기 싫으면 굶거나 하루에 나무 아홉 짐을 해야 한다!"

지엄한 분부를 지키려 할아버지는 새벽부터 종일토록 나무 아홉 짐을 했다. 이에 감탄하신 고조부는 "이제 공부는 남들이 무식하다 하지 않을 정도는 했으니 하고 싶은 만큼만 해도 된다."고 허락하였다.

할아버지는 십대 후반에 이미 인근에서 가장 힘센 장사壯士였다니 학업을 그만해도 집안어른들로부터 신뢰를 얻었을 성싶다. 장대한 풍모의 할아버지 발에 맞는 고무신은 오일장에서 제일 큰 것이었다. 가슴을 다 덮는 할아버지의 헌헌장부軒軒丈夫수염은 어릴 적 동무들에게 내 자랑거리였다. 서울에서 노년을 보낼 때 수염이 멋진 노인이라고 초등학교 예절교육 행사에 초대받은 적도 있었다.

머슴 데리던 집 장손인 할아버지는 스무 살 무렵 상투를 자르고 수백 리 밖 울산으로 가출하여 머슴살이를 했다. 그때 몸이 고달팠지만 마음은 편했단다. 그러나 기필코 아들을 낳아야 할 할머니가 딸만 낳고 고생하고 있다는 생각이 들자 집으로 곧 돌아왔다. 할머니는 "베 주우적삼 입고 집나가서 핫옷(솜옷) 입고 오셨다."고 그 때를 회고했다. 할아버지가 열두 살일 때 열여섯 살이던 할머니를 만나 백년가약을 맺었고 평생 두 분 금슬이 좋았다. 할머니는 남편이 너그러워 층층시하 시집살이를 잘 견딜 수 있었다고 했다.

말수가 적었던 할아버지지만 내게는 자상했다. 산이나 들에 나가 꼴 베거나 김매며 들풀들의 이름과 쓰임새를 일일이 가르쳐주었다. "할미꽃과 여뀌는 독초이니 절대 소에게 먹이면 안 되느니라." 또는 "여름에 소가 입맛을 잃을 땐 너삼을 여물과 같이 삶아 먹이면 입맛이 돌아온단다."라고 했다. 나는 이때 알게 된 바랭이, 비름, 쇠비름, 속새, 띠, 도토라지, 고들빼기, 엉겅퀴 등의 들풀들과 늘 친숙하다.

할아버지의 나뭇짐은 아주 컸다. 보통 일꾼의 나뭇짐은 대문으로 들어 올 수 있었으나 할아버지 것은 둘로 나누어야 했다. 이른 봄 할아버지 나뭇짐에는 아주 소중한 보물이 섞여있었으니 물이 살짝 올라 부끄러운 듯 꽃망울이 부푼 진달래와 수수꽃다리였다. 나뭇짐을 뒤져 꽃가지를 골라 병에 꽂아 놓으면 한 달이나 먼저 봄꽃을 볼 수 있었다.

여름이면 나는 할아버지를 따라 시원한 사랑 대청마루로 잠자리를 옮겼다. 저녁이면 매캐한 모깃불 옆 멍석에 잠든 나를 대청에 옮겨 당신의 팔을 베이고 재웠다. 할아버지의 지극한 손자사랑은 커다란 합죽선 바람으로 내게 전해왔다. 올빼미가 우후후 하고 울어대는 한밤에 겁에 질린 나는 할아버지 가슴팍을 파고들었다. 피를 토하며 울어댄다는 소쩍새소리도 등나무 언덕에서 내려오는 으스스한 사태沙汰소리도 할아버지 곁에 누우면 무섭지 않았다.

황소 울음소리로 저녁놀이 더 붉은 어느 가을날 누렇게 익은 들판을 걸어오며 한 말씀이 있다. '강산은 만고의 주인이고 인물은 백년 안에 살다가는 손님江山萬古主 人物百年客' 이라고 한 그 말뜻을 되새겨 본다.

소를 식구처럼 여겼던 할아버지는 이른 아침마다 쇠죽을 끓였으니 새벽 구들이 늘 따뜻했다. "서걱!" 하고 무쇠솥뚜껑 열리는 소리가 들리면 구수한 냄새가 방 안까지 퍼져왔다. 볏짚 외에도 시래기에 콩깍지와 등겨 등을 넣어 정성스레 끓였으니 익은 소여물에서 된장국냄새 같은 것이 나기도 했다.

고향에서 이웃끼리 다투다가 누가 옳은지 판단해달라고 가끔 할아버지를 찾아올 때가 있었다. 할아버지는 장죽을 물고 지그시 눈감으며 마치 소리 없이 흐르는 깊은 강처럼 양측의 이야기를 듣기만 한 후 내일 보자고 했다. 감정이 날 땐 일단 기다리며 진정하는 법이라 했다. 다음날 양측을 따로 만나 말씀을 나누고 나면 그들은 대체로 화해하였다.

내가 고등학교 1학년 때 할아버지는 도립병원에서 뼈 속을 긁어내는 수술을 받았다. 농사철에 무논에서 자주 일하다보니 새끼발톱무좀이 뼈로 파고든 거였다. 할아버지는 전신마취 대신에 뼈 속까지 완전히 마취하기에는 부족하지만, 통증을 참을 수만 있다면 입원하지 않는 등 편리

하다는 설명에 국소마취를 선택했다. 퉁퉁 부은 살을 절개하고 예리한 칼로 뼈를 긁어내는 소리는 빠각빠각 내 귀를 파고들었다. 수술대 위엔 붉은 피가 낭자하였다. 할아버지는 수술이 끝날 때까지 고통을 참으며 조용히 숨만 쉬었고, 당신의 손을 잡은 내가 오히려 파랗게 질려 있었다.

수술을 마친 집도의사가 이렇게 잘 참는 분은 난생 처음이라고 놀랐다. 할아버지는 태연히 "선생님 참 용하십니다."라 답하며 긴 수염을 쓰다듬었다. 삼국지에서 천하명장 관운장이 태연히 바둑을 두며 독화살 제거 수술을 받은 후 천하명의 화타華陀와 대화하는 모습 같았다. 이때 환자를 치료하는 의사의 보람을 알게 된 할아버지는 내게 의사가 되라고 권하였다. 이렇게 내가 의사가 되도록 길을 열어 준 분이 할아버지였다.

동생이 태어나자 나는 다섯 살 때부터 할아버님께 맡겨진 후 사랑방에 자는 '사랑방 아이' 로 자랐다. 손님들 앞에서 내게 '동몽선습童蒙先習' 을 외게 하시곤 흡족해하시던 할아버님 모습이 오늘따라 더 그립다. 할머님을 먼저 보낸 후 열네 해 동안 나는 할아버님 곁에 있었다. 봄비 오는 날 내 마음속 할아버님 자리는 새벽 군불 땐 아랫목처럼 따뜻하다.

목련꽃 당신

출근하자마자 고향에 사는 넷째 고모님의 부음訃音을 듣고 종일토록 펜을 잡은 손까지 떨렸다. 당신과 함께했던 순간들이 밀려왔다. 젊은 시절의 새하얗고 통통했던 목련꽃 같은 얼굴이 떠올랐다. 고운 설빔차림에 윷가락을 던지며 참나무 장작 깨어지듯이 "모야!" 하고 외치던 고모님의 맑은 목소리가 그리웠다. 마지막으로 뵈었을 때 암 투병 중인데도 친정조카 왔다며 반갑게 웃으시던 모습……. 당신의 부음이 더욱 슬펐던 것은 고모를 잃은 상실감에 더하여, 당신의 '일생의 한' 을 알고 있기 때문이었다.

초등학교 시절 고향집 고방에서 주전부리를 찾던 중에 어느 궤짝의 문을 열었다. 그 안에는 오래된 우리 집 문서뿐만 아니라 부친, 고모들과 삼촌의 오래된 성적표와 졸업장들이 나왔다. 성적표와 상장들 중에 넷째 고모님 것도 있었는데 성적표는 아주 우수하였고 같이 받은 우등 상장도 있었다. 그 후 20년이 지나 문득 고모님의 성적표를 새삼스레 떠올리게 하는 계기가 있었다.

내가 마흔이 될 무렵 고향 아주머니 한 분이 진료실로 찾아왔다. 그 분 집에서 멀지 않은 곳에 내가 개원하고 있다는 소문을 들었단다. 서울에 이사 온 지 10년이 넘었는데 지척에 고향친구의 장조카를 두고 몰랐다며 반가워했다. 고모와는 일제말엽에 초등학교에 같이 입학하였고 몇 안 되는 여자동창이란다. 간간히 진료 받으러 와서 넷째 고모님과 보낸 초등학교 시절의 소중한 추억들을 전해주었다. 그 중에서도 초등학교졸업식에 있었던 일은 참 안타까웠다.

그날도 8·15해방 직후 우리나라 풍속도의 하나였던 눈물의 졸업식이 거행되었다. 답사 차례가 되자 고모의 친구는 우리 고모가 답사를 하기 기대했는데, 읍내 상급학교에 진학한 다른 남학생이 해서 무척 섭섭했다. 졸업식 노래를 하는 순서가 되어 보내는 가사인 재학생의 1절이 끝나고, 떠나가는 가사인 졸업생의 2절이 시작되자 장내는 온통 울음바다가 되었다.

"잘 있거라 아우들아 정든 교실아! 선생님 저희들은 물러갑니다. 부지런히……."

졸업식은 끝났지만 나중까지 남아서 우는 졸업생이 하나 있었다. 넷째 고모였다. 6년 내내 남녀를 불문하고 어떤 학생 못지않은 우수한 성적이었지만 안동읍내 상급학교에 진학하지 못했기 때문이었다. 당시 우리 집

은 큰 부자는 아니었지만 시골에서 아버님을 서울에 대학까지 보냈으니 고모님이 중고등학교정도는 갈 수 있었을 것이다. 담임선생님이 아무리 달래도 고모가 울음을 그치지 않았다며 당시 선생님의 말씀까지 전했다.

"사범학교도 충분히 갈 수 있는 아이인데. 너희 집은 충분히 중학교에 보낼 여유가 있는 집인 걸 잘 아는데……."

고모님은 증조부모와 조부모가 계시는 대가족 집에서 2남 5녀 중 넷째 딸로 태어났다. 시집가기 전 많은 식구들과 정이 들어서인지 나이 들어서까지 평생 친정을 '우리 집' 이라 하며 친정사랑이 유별났다. 이런 고모님이니 처녀시절 한 말 중에 이런 말이 있다.

"내가 없는 게 뭐 있노. 언니, 오빠, 여동생, 남동생이 다 있지. 생선은 가운데 토막이 좋으나 사람은 가운데가 서럽다."

누구나 태어나고 싶어 태어난 것은 아니지만 나름대로 능력과 갖가지 꿈을 안고서 세상에 왔다. 그러나 아들을 중시하는 유교적 관습에 따라 고모님은 상급학교에 가지 못했다. 오랜 관습으로 내려 와 없어지지 않을 것 같던 남녀차별 문제는, 이제 점차 설 땅을 잃고 오히려 딸을 선호하는 사람들도 많은 시절이 되었다. 고모님에게도 고등교육을 받을 기회가 주어졌다면 어떻게 되었을까? 요즘 태어나셨다면 자신의 능력을 펴고 살 수 있었을 것 같다.

고모님과 초등학교 동창이면서 내 초등학교 은사님인 분이, 교장이 되었다는 소식에 고모님은 반가워하면서도 부러움과 아쉬움에 참 말을 했다. 그 선생님 아명兒名을 부르며 "나도 그 동무보다 못하지는 않았는데……."

고모님은 아들은 하나지만 딸은 다섯을 두었다. 아들을 바라다가 딸을 많이 낳았다고 섭섭해 했다. 그러나 1년 전 입원하신 고모님을 문병 갔을 때 내 손을 잡으며 딸 자랑을 했다. 귀하게 키우지도 못한 딸 다섯이 모두 효녀여서 행복하다고…….

고모님을 회상할 때 제일 먼저 떠오르는 모습은 언젠가 보았던 감동치마에 흰 저고리를 입은 처녀시절의 사진이다. 사진 속 고모님은 단아하고 하얀 목련꽃 같았다. 젊은 시절에도 노란 개나리처럼 쉽게 웃음을 터뜨리지도 않았고 붉은 진달래처럼 얼굴이 쉽게 달아오르지도 않았다. 철이 일찍 들었다고나 할까. 모처럼 친정에 왔을 때 수북이 자란 연한 봄 미나리를 베어 고추장에 비벼먹으며 역시 우리 집 고추장 맛이 제일이라 했다. 그때 분 바른 코끝엔 땅방울이 수정처럼 맺혀 있었다.

중학생 때 어느 봄날 토요일 고모님을 뵙고 싶어 고모님 댁에 들렀을 때 바쁜 가운데서도 친정 장조카가 왔다며 금방 한 상 차려주었다. 고모님 사랑이 듬뿍 든 그 밥상 위의 구수하고 매큼한 북어찜이 그립다. 어릴 때부터 보살펴온 정든 조카라 유달리 날 사랑하시던 고모님! 당신 계시는 저승에도 봄이 오고 당신처럼 고운 목련꽃이 피나요?

4

세상을 바라보며

●

시-홍수를 바라보며

Y에게

공자님의 휴대전화기

거품에 깃든 꿈

내가 권하는 한 권의 책

휴대폰이 귀띔하는 날.

홍수를 바라보며

큰 비 오는 날
넘치는 강물은
황토색 머리를 풀어헤치고
아우성치며 솟아오른다.

솟구치고도 남는 뒤엉킨 힘
모습도 없는 분노는
발밑으로 달려들고
나는 두려움에 찬 아이가 된다.

성난 구름
외침으로 가득한 하늘
공포에 쌓여 집으로 가는 길

꼭대기만 남은 강변 이정표
그 위에
날개 흠뻑 젖어 초라한 왜가리는
물의 사막 한가운데 홀로 서있고

홍수에 할퀴어
붉은 피 흘리는 접시꽃을
뒤뚱거리는 오리가 겁 없이 보듬고 있다.

Y에게!

제 20회 청년의사신문 독서캠페인 대상작품

길을 걷노라면 풀벌레소리는 구슬처럼 쑥부쟁이 덤불 속에서 또르르 굴러와 발끝에 걸리는 계절, 가을은 상강霜降을 지나왔네. 이즈음에 들국화는 일찍 찾아온 추위도 아랑곳하지 않고, 강건하게 자신을 지키며 즐겁게 모여 피어 있었지. 가을 하늘 빛 들국화 꽃잎이 구절판을 닮았다하여 구절초라고도 하고, 잎이 이른 봄부터 나와 여름 내내 부옇게 쑥처럼 더부룩하게 지낸다하여 쑥부쟁이라고도 하더군.

미풍에도 흔들리는 구절초 가는 줄기는 군더더기 없이 오로지 꽃만을 받들고 있었고, 연약하여도 남에게 의지하지 않고 제 가닥을 지키려 최선을 다하는 모습이었다네. 봄부터 자랑스럽게 피었던 다른 꽃들이 찬 서리에 져버린 지금, 들국화는 소박한 색깔과 코끝이 싸한 향으로 오롯이 피어 있더군. 즐겁게, 최선을 다해, 자유롭게 피는 가을 들국화는 글쓰기를 사랑하는 예술가의 멋스런 모습 그대로였지.

요즘 이런 들국화를 닮고 싶은 사람들을 위한 한 권의 책을 읽었네. 글을 쓰고 싶은 사람들을 위한 멋진 책이지. 좋은 글쓰기는 새롭게 감각하고, 깊이 있게 사유하고, 자유롭게 상상하며, 새로운 각도로 삶을 인식하고, 실천하는 전인적인 과정이라고 하더군. 불완전한 내 생각을 있는 그대로 정직하고 진솔하게 표현하면서, 참신하고 독특한 비유,

심오한 인식이나 사유로 쓰되, 고루하고 모범적인 과장된 표현은 피해야 한다는 점을 강조하고 있었네.

화려한 봄의 복사꽃, 윤기 나는 오월의 장미, 여름날 넓은 오동나무 잎의 무성함을 부러워하지 않고, 묵묵히 보잘것없는 쑥부쟁이라도 내 방식대로 만족하며 살고 있는 것이 들국화의 모습이 아닐까. 그러다가 때가 오면 한 줄기 생각 깊은 향기를 지닌 진솔하고 소박한 꽃으로 피어나는 것이겠지. 글쓰기는 치열한 내면 싸움이고 훈련이며, 노력하는 사

람, 시인과 같은 감성, 자기 에너지를 치열하게 만끽하는 상태에 놓일 수 있다면, 행복한 공부를 하고 있다는 사실을 충분히 알아야 한다는군.

우리가 성인聖人이 아니라면 자신이 의식하는 그대로, 욕망하는 그대로 순일하게 정직할 순 없지 않을까. 정직하게 글을 쓰려면 명상을 통해 조용히 자신을 되돌아보며 자신의 껍질을 벗기고 또 벗겨야 하겠지. 살아있는 글쓰기는 실질적 정직을 통해서만 가능하고, 통념과 다른 이질적 느낌을 감지하여 실질적으로 정직해야 한다더군. 개인의 일상에서 느끼고 살아가는 내용과 맞물려 있어야 바람직하다는 말로 들리는군. 글쓰기, 인생, 정신은 따로 존재하는 것이 아니고 경계가 없다는 말이겠지. 진정한 글쓰기를 익혀 지나가는 사람들이 나보다 못하지도 낫지도 않다는 해방감을 느끼는 경지에 이른다면, 인간 본성인 열등감과 시기심으로부터의 독립을 이루게 해 줄 것 같지 않은가?

글쓰기에 아주 중요한 독서는 혼자 걷는 것과 비슷하다고 생각하네. 혼자 걸으면 가을에 풀 익는 냄새 같은 낡은 기억들이 떠오르기도 하고, 들국화 향에 이끌려 고독과 추억에 파묻히면 진솔하게 자신을 점검하는 기회를 주기도 하겠지. 기쁨보다 작을 수도 있고 클 수도 있겠지만, 사람은 누구나 상처를 안고 살아가고 있다고 하는 말이 있지. 최근에는 자네도 짐작하는 내 가슴속의 상처가 나를 좌지우지하려 할 때도 있다네.

글쓰기를 통해 내 가슴 속에 맺힌 것을 써내면 내면의 고통을 잊을 수 있고, 치유에 도움이 될 수 있다고 내게 해준 말에 진정 감사하네.

글쓰기는 나를 가장 잘 이해해주고 내 이야기를 들어주지. 외롭지만 이 세상을 나 혼자서 헤쳐 나가야 한다는 것을 새삼 느끼고 있네. 누구도 내 속을 관통하고 있는 것이 무엇인지 모를 것이고, 어쩌면 나 자신도 나를 다 모르겠지. 지금까지 내가 생각하는 상처의 원인은 내가 내 인생에 대하여 진실하지 못하여 엉터리였다는 것이었네.

남의 시선을 의식하고 남에게 '좋은 사람' 이라는 평판을 듣거나 과시하고 싶었던 어쭙잖은 과욕이 도리어 상처가 된 것이었네. 내가 지금까지 열심히 쓴다고 쓴 글도 냉정하게 보면 진실하지 못한 것이 가장 큰 문제였네. 인간 세상은 구조적으로 부조리하고 영원한 것은 아무것도 없다는 것을 뼈저리게 느끼고 있다네. 누구나 편하고 행복하게 살다가 죽고 싶겠지만 태어난 환경이나 숙명이라는 것도 있는 것 같다네. 이런 부조리한 것들에 흔들리지 않으려면 내 자신이 내 인생의 주인이어야 하는데 지금까지 그렇지 못했던 것 같네. 벌거벗은 자만이 진실을 쓸 수 있다는데, 겁이 나서 인지 나는 여태까지 벗기는커녕 나 자신을 다 열어보지도 못하고 있는 상태이네.

이제부터라도 부지런히 글을 쓰고 싶네. 성장하면서 동경한 문학세계에 대한 순수한 향수는 갖고 있었지만, 이제는 글쓰기를 제대로 잘하면 더없이 인생의 가치 있는 일일 것이고, 행복할 수도 있다는 새로운 목표가 생겼다네. 사람이 남의 눈에 성공해야 행복한 것은 아니겠지. 자유로운 글쓰기란 자신만의 솔직한 목소리를 내는 것이고 궁극적으로 인생의 진실을 발견해 내는 것이더군. 자신도 진실하지 않으면서 시비를 걸고 강요하고 외면하고 항변하며 살아왔었지.

나 자신의 내면 아주 깊은 곳까지 내려가 마음의 본질을 적고 싶은 욕망이 생겼다네. 내게 세상을 사랑하는 마음이 있고 남다른 시각이 있다면, 부조리한 세상을 글로 풀어내어 들국화 한 송이에서 나는 작은 향기라도 풍겨보고 싶다네. 나 자신을 그런 이름으로도 불러보고 싶다네!

공자님의 휴대전화기

더위에 지친 행인들이 울창한 가로수 밑에서도 양산을 접지 않는 날이었다. 땅을 밟으면 눈밭에서처럼 더위자국이 깊이 남을 것만 같았다. 중복 날 한낮에 전화 한 통을 받았다. 신형 휴대폰을 거저 주겠단다. 공짜가 반갑지만은 않다는 것을 익히 알기에 자세히 캐물었다. 현재 쓰고 있는 통신회사를 2년 동안 바꾸지 않으면 된다는 조건만 붙어 있었다. 응낙한지 하루 만에 득달같이 새 단말기가 택배로 왔다. 막내아들이 보더니 회사가 달라 문자 보낼 때 고생 좀 할 거라 말했지만 개의치 않았다.

직원더러 새 휴대전화기를 개통하게 했다. 맨 먼저 통신회사에서 개통 축하 문자메시지를 보내왔다. 글씨가 크게 보인다기에 솔깃했었는데 종전 것보다 오히려 더 작았다. 안내서는 잔글씨로 씌어 있어 읽기에 매우 불편했다. 전화번호를 입력 저장하려니 방법이 달라 서툴렀다. 통신회사로 전화를 걸어 설명한 내용과 다르니 원상복구를 요구했다. 조작법이 달라서 아주 불편하며, 업그레이드가 되었다지만 동일한 회사 제품이라야 비교가 될 것이라고 지적했다. 아울러 가만히 있는 사람에게 공연히 전화하여 이런 불편을 준 점도 나무랐다. 진정 소비자를 위한 사은품이라면 좀 더 사려 깊게 동일한 회사제품 신형으로 주었어야 할 것이라고 충고도 했다. 서로 밀고 당기기를 반복했다. 신제품이지만 잘 팔리지 않는 모델의 단말기로 선심 써서 소비자를 자신의 회사에 묶어두려는 속셈도 알 것 같았다. 소비자가 왕인 세월이라 그런지 내가 원하면 언제든지 반품해가겠다는 전화약속을 받아냈더니 더위가 반쯤은 날아간 것 같았다.

완전히 일이 마무리 된 후에, 개통을 담당했던 젊은 직원이 신형은 얼마든지 글씨를 크게 조작할 수도 있고 기능이 많아 퍽 좋은 거라고 했다. 막내아들도 장단점을 다 알고 있었을 것이다. 기존 휴대전화기도 통화기능 외 인터넷, TV 등은 거의 사용하지 않았는데 새 것에는 내비게이션, MP3까지 있단다. 기능이 향상되었다지만 내게는 일종의 낭비이고 오히려 혼란만 초래할 뿐이었다. 더운데 하루 종일 십수 번 전화하며 해결한 일이, 젊은 세대는 이미 알고 있고 쉽게 적응할 수 있는 일이라니 씁쓸한 생각이 들었다. 내가 바로 이솝 우화에서 능력이 모자라 가질 수 없는 포도를 포기하며, 시고 덜 익은 것이라 말하는 여우는 아니었을까. 그러면 나는 이미 구세대여서 변화를 두려워하고 현재에

안주하려는 생각이 나도 모르게 정착한 게 아닌가.

최근에 철학자 베르그송이 인간이 변화를 받아들이는 것에 대해 언급한 책을 보았다. "인간생활에 있어서 존재란 변하는 것이며, 변화란 성숙하는 것이며, 성숙이란 스스로를 무한하게 형성시키는 것이다." 라고 했다. 만약 이 말을 세상일에 적용한다면 시간에 따른 지속, 생성과 변화일 것이다. 즉, 인간은 변화를 통해 성숙하고 발전한다는 뜻이다.

이런 주장은 수천 년 전에도 있었다. 《대학大學》에 있는 공자의 말씀을 한 문장으로 표현하면 '명명덕 신민 지어지선明明德 新民 至於至善' 이라고 한다. 여기서 신민新民이란 친민親民의 뜻도 포함한다고 하니 백성들과 더불어 친하게 새로워져야 한다는 것을 강조하고 있다. 《대학》에서 말하는 '인간의 바른 길' 이란 나날이 새로워져서 자신의 덕을 갈고 닦은 후에, 모든 백성을 새로운 바람과 사고로 바꾸어, 유가儒家최고의 목표인 중용中庸의 도道에 통하는 것이다.

이런 성현과 석학들의 고견을 배우는 데는 나와 신세대에 이미 분명한 차이가 있으니, 이미 나는 분명한 구세대이다. 집에서 책을 읽으며 메모하며 기억하려 해도 기억에는 한계가 있고 정확하지도 않다. 다행히 컴퓨터를 이용하여 정보를 찾고 저장하는 방법은 비교적 일찍부터 이용하고 있었다. 그러나 나와 달리 신세대가 이런 것을 배우려 한다면 지하철 속에서도 스마트폰, 트위터, 전자책 등으로 신속하고 정확하게 찾아 볼 수 있을 것이다.

전화에 대한 인상 깊은 첫 기억은 1967년 초등학교 6학년 때 어린이용 주간신문에 난 기사이다. 미국의 디즈니랜드라는 곳에서는 얼굴을 보면서 통화하는 전화기가 세계 최초로 개통되었는데 미래에는 모든 전화가 그렇게 될 것이라는 설명도 있었다. 그때 내 고향에는 전기가 들어오지 않아 호롱불로 밤을 밝혔고 면사무소, 지서, 초등학교 등 공공기관에만 전화가 있던 시절이었다. 비가 잦은 여름엔 교장선생님의 전화 목소리가 양철지붕을 울리며 수업 중인 교실까지도 들렸다. 비가 오면 원래 소리가 멀리 간다지만 연세 드신 교장선생님께서 노인성 난청으로 소리를 더 지르셨을까? 아니면 교실을 미루나무와 토담으로 지었으니 공명이 잘 되어서였을까? 세월이 흘러 지금처럼 전화선도 없이 주머니 속에 전화기가 들어올 줄은 상상도 못했다. 더구나 편지와 사진과 책이 모두 휴대전화기를 따라 들어올 줄은…….

남의 장점을 보면 시기하거나 부끄러워하지 말고 늘 배워야 발전이 있다는 격언이 있다. 그러나 나는 솔직히 변화가 두렵기도 하고 귀찮기도 하여 가능하면 현재의 것으로 문제를 해결하고 싶다. 현대사회에서 컴퓨터를 전혀 다루지 못하는 사람이라면 과거 신문을 읽지 못하는 이와 비견될 수 있을 것 같다. 과학의 발달로 상상할 수 없었던 새로운 문명의 이기가 계속 나올 것이다. 이것을 피할 수도 없고 피할 곳도 없다. 궁색한 변명을 한 가지 하고자 한다.

내가 새 전화기를 거부한 것은 결코 변화가 두려운 것이 아니고, 내게 필요 없는 기능이 너무 많아서 낭비하지 않으려는 알뜰한 신념 때문이다. 만약 공자께서 현대를 사신다면 백성과 더불어 나날이 새로워지려 휴대전화기를 최신형으로 바꾸었을 것이다.

거품에 깃든 꿈

무덥고 긴 여름 하루가 저물어 맥주거품처럼 사람들이 북적거리는 생맥주집. 그 틈을 비집고 친구와 마당 구석자리 하나를 차지한다. 시원하게 들이키는 생맥주는 무더위를 식혀주고 넘치는 맥주거품에서 여름 낭만을 맛본다. 거품은 이처럼 긍정적인 예도 있지만 대체로 부정적으로 보는 시각이 더 많다. 그러면 거품이란 정말 '거품 빼듯이' 꼭 없애야만 하는 존재인가. 반대로 거품이 꼭 필요하거나 거품이 있어 더 멋지고 다행인 경우는 없을까?

포말泡沫이라고도 하는 거품은 액체가 기체를 머금고 부풀어서 생긴 속이 빈 방울을 말하니 실속이 없다는 뜻도 된다. 거품을 흔히 물거품과 같은 뜻으로 쓰기도 한다. 비유적으로 노력이 헛되게 된 것을 물거

품이라 한다. 허풍선 또는 허풍쟁이는 말이나 사고에 거품이 많이 낀 사람을 말한다. 요즘에는 사회현상 중에서 일시적으로 껍데기만 있고 실질적인 내용이 없는 상태를 빗댈 때 거품이라 표현한다. 실제의 이익은 별로 없으면서 수치상으로만 많은 이윤이 남는 것을 거품 경제라 한다. 제품가격이 턱없이 높으면 "거품을 빼야 한다."고 열을 올린다.

멋진 거품이라면 먼저 여름 바닷가가 생각난다. 바위에 부딪친 파도

는 밤하늘의 은하수보다 더 많은 알갱이로 부서져 포말로 나뒹군다. 창밖이 보이는 카페에서 음악의 리듬처럼 김이 서리는 카푸치노 거품은 지루한 장마를 달래준다. 거품은 어린 시절 추억 속에도 있다. 무지개를 보려 햇빛을 등지고 비눗방울놀이를 했다. 얼굴이 비칠 만큼 큰 비눗방울을 만들려면 비누거품이 많이 일어야 했다. 겨울이 가고 얼음이 녹아 시냇물이 불어나면 어머니는 빨랫감을 이고 냇가로 나갔다.

양지쪽 너래 바위는 빨래터가 되고 차고 맑은 물에 빨래거품이 떼를 지어 떠내려갔다. 거품이 많이 생길수록 빨래가 깨끗했을 것이다.

비 내린 후 땅위에 흩뿌려진 벚꽃은 마치 꽃 거품처럼 보인다. 문득 이 거품은 그 자체가 목적인 것 같다는 생각이 든다. 벚꽃은 열매를 맺기 위해 눈처럼 피었을 테지만 결실을 맺을 수 있는 것은 소수에 불과하다. 벚나무 가로수를 심는 이유는 버찌를 얻기 위함이 아니고 꽃을 즐기려 함이니 거품이 더 의미 있다고 볼 수 있다. 같은 봄꽃이라도 사과와 배는 꽃에서 결실을 맺는 확률이 높으니 거품이 적은 예이다. 품을 많이 들여 봄철 꽃따기로 한 꼭지에서 한 개만 남겨야 상품성이 있는 열매를 기대할 수 있다. 이런 예는 똑똑한 아이 하나만 잘 키워 성공하려는 오늘날 각박한 세태를 닮았다고나 할까.

소수의 성공을 위한 희생적 거품도 있다. 개구리와 두꺼비는 부화한 알의 5%미만이 성체가 되어 어미가 있던 곳으로 갈 수 있다. 천적에게 잡아먹히는 등 95%이상의 희생이 있어야만 종의 생존이 가능한 것이다. 사람도 수정 단계에서 수백만 대 일의 경쟁을 뚫고 단 한 개의 정자가 난자에 골인할 수 있으니 세상에 태어난다는 것은 참으로 경이로운 일이다. 새 생명의 탄생이 위대하다면, 단 한 개의 정자를 위해 아낌없이 조연을 하고 사라진 또 다른 수백만 개 거품 구실을 한 정자의 공功을 간과할 수 없을 것이다.

몇 년 전 허풍선이에 대한 영화로 팀 버턴 감독의 '빅 피시(Big Fish)'

를 보았다. 아버지는 기이하고 환상적인 젊은 시절 모험담을 다른 사람들에게 들려주는 것으로 소일하는데, 아들은 그런 아버지를 허풍선이라고 싫어하여 몇 년째 왕래를 끊고 지낸다. 아버지가 암으로 위독하다는 소식을 듣고 고향으로 돌아온 아들은 이제는 거품을 거두고 아버지가 진실을 말씀 하시려나 기대해 보지만 아버지는 다시 모험담을 늘어놓는다. 아들은 창고 깊숙한 곳에서 찾은 문서에서 궁금했던 진짜 아버지의 모습을 알게 되어 그 이야기 속에 등장하는 실제 인물을 찾아 나선다. 아버지의 모험과, 그 모험담이 허풍이라고 믿는 아들의 갈등과 애정을 그린 동화적인 영화이다. 이 영화에서처럼 생을 마감하는 순간에 오해를 벗어나면 물론 좋겠지만 그렇지 못하고 영원히 가슴에 안고 간들 없었던 것보다는 훨씬 행복한 삶일 것이다. 한 번 사는 인생에서 또 따른 세계가 펼쳐진 꿈의 생활이 이 영화에서처럼 존재한다면 인생을 두 번 사는 것과 같을 것이다.

주변에 존경하는 분이 두 분이 있다. 나보다 10년 남짓 연배인 이분들은 어려운 처지의 사람들을 잘 돕고 이해한다는 공통점을 가졌다. 주위에서 이분들보다 부유한 환경에서 자란 사람들 중에는 이분들의 말과 행동에 거품이 좀 있다고 평가하지만 내 생각은 다르다. 고등학교 때 학비도 제대로 내지 못할 만큼 가난했다는데 결국 박사학위까지 성취한 그 과정은 허황된 꿈을 꾸고 사는 것으로 보였을 수도 있었을 것이다. 자신의 꿈은 남이 이해할 수도 못할 수도 있으며, 남에게 꼭 이

해받아야 하는 것도 아닐 것이다.

우리의 현실 속에서 거품 없이 산다면 더 바람직할까. 거품은 실속 없는 허상일 수도 있지만 이루고 싶은 간절한 소망을 담고 있는 꿈일 수도 있다. 우리가 현실만 보고 산다면 너무나 메마른 삶일 것이다. 거품이 있기에 여유와 낭만이 있을 수도 있고, 조금 잘못되어도 일을 그르치지 않을 수 있다. 거품은 삶의 윤활유 같은 것일 수도 있다. 황당한 거품 같은 꿈이라도 이를 이루고자 하는 의지만 있으면 언젠가는 이룰 것이고, 설사 이루지 못한다 하더라도 노력하는 과정이 아름다운 것이다. 꿈이 깃든 거품이라면 우리에게 꼭 필요하고 존재할 가치가 있는 것이 아닐까.

내가 권하는 한 권의 책

인간 이해(Alfred Adler作, 빈 1922. 10. 19)를 읽고 나서!

봄 날씨가 따뜻해지니 겨울이 쫓겨 가듯이 물러가고 있다. 지금까지 나도 이렇게 쫓겨 가듯이 산 것처럼 느낀다. 내게 양서를 추천하라고 하니 행여 읽는 이에게 누가 되지 않을까하여 염려가 된다. 다행히 최근 아주 감명 깊게 읽은 책이 있기에 독후감으로도 대신할 수 있을 것 같다.

내 지난날을 돌이켜 보면 작은 성공에 지나치게 우쭐하고, 작은 부족함에 지나치게 열등감을 느끼고 산 것 같다. 현대 정신의학에서는 나를 포함한 이런 사람들을 어떻게 이해하고 있을까? 나른한 봄밤에도 '인간 이해' 라는 책이 잠 못 들게 한다.

알프레드 아들러Alfred Adler는 오스트리아 빈 출생으로 20세기 초 세계적으로 과학이나 철학을 주도했던 찬란한 독일문화에서 살았다. 프

로이트, 융과 함께 3대 심층심리학자로 알려져 있지만 한국에서는 그의 저서로는 올해 처음 이 책이 번역되었다니 때늦은 감이 있다. 일본에서는 벌써 1930년대에 베스트셀러가 되었다고 하며, 현대의 심리학, 교육학, 정신의학에서 그의 이론을 빼놓고는 말을 할 수 없을 정도라고 한다.

그는《인간 이해》를 시초로 하여 개인심리학이라는 학문을 열었다. 인간은 누구나〈열등의식〉이 있으며〈열등의식〉이란 말을 처음 도입한 사람이 알프레드 아들러Alfred Adler이다. 열등감은 실제 열등한 것과는 차이가 있다. 이를 극복하는 방법으로는 인정욕구와 공동체감 두 가지가 있다. 인정욕구는 권력욕으로 발전하여 명예욕과 자만심을 갖게 되며 반사회적으로 발전하여 병적인 우월욕구와 권력욕이 될 수도 있다. 이 책이 발표된 후에 히틀러가 나왔으니 앞을 내다보았다고 볼 수 있을까.

다른 한편으로는 열등의식이 공동체에 대한 관심, 인간다움, 연대감으로 발전할 수도 있다고 한다. 그는 '공동체 의식' 이야말로 인간사회의 문제를 해결할 수 있는 유일한 진리이며, 이때 인간사회란 가족에서 전 인류까지 포함하는 전체사회를 뜻한다고 한다. 열등감이 심한 사람은 공동체에서 고립되고 공동체감에서 고립된 사람이다. 나쁜 사람이 아니라 단지 자신감을 잃은 사람이며 공동체감을 활성화하면 개선될 수 있다고 강조한다.

그에 의하면 사람은 자신의 삶의 계획을 의식하기도 하고 못하기도 한다. 추구하는 목표의 정당성과 성공여부는 〈공동체의 목표〉와 〈개인의 삶의 방식〉이 일치하는 지에 달려있다. 인간의 인격은 6~7세에 완성되며 이후에는 기본적인 것은 거의 변하지 않는다. 이후의 삶은 목표에 따라 환경에 적응할 뿐이다. 초기 인격형성에 가장 중요한 것은 〈가족 간의 관계〉이다. 유전학적 영향보다는 환경과 교육을 중요시한다. "인간이 가지고 온 것이 중요한 것이 아니라, 가지고 온 것으로 무엇을 만드느냐?"가 중요하다고 역설한다. 그의 말을 그대로 옮겨본다.

"인정욕구는 불안감과 열등감을 극복하려는 시도이다. 안전을 확보하려는 노력이 좌절되면 노이로제가 발생한다. 억압에 저항하는 여성의 반란과 이를 남성적으로 표출하는 남성의 항거, 불안한 엄마와 응석받이, 맏이의 폐위와 형제간의 갈등, 노이로제와 정신이상, 범법행위와 성적변태, 그리고 불면에 이르기까지 사회적 행동규범으로부터 이탈된 행동은 모두 불안해진 자가 취하는 방어기제이며 주변사람들에 대한 일종의 공격 형태이다. 심지어 자살의 원인이 되는 우울증도 다른 사람들에 대한 '직접적인 공격' 이다."

삶의 중요한 세 가지 문제로 사회적 책임, 직업, 사랑과 결혼을 제시하고 있다. 사르트르는 그의 열렬한 추종자로 '불안한 성격' 을 보편적인 인간상이라고 했다. 그보다 10년 정도 연하이면서 제자이기도 하며, 최초의 심층심리학연구 모임인 수요회 멤버인 프로이트와는 의견이 달랐다. 프로이트는 개인이 현재 안고 있는 문제의 근거를 〈과거의 삶〉에서 찾았다면, 아들러는 〈미래에 대한 개인의 목표〉에서 근거한다고 진단하였다. 우리는 대부분 자기 자신을 직시하기 보다는 남의 눈에 비친 나의 모습에 더 많은 관심을 기울이고 산다. 그러기 때문에 자기의 삶의 주인이 되지 못하는 것은 아닐까? 번역자가 말한 대로 나도 20대에 이 책을 읽었다면 삶의 중요한 이 세 가지 문제를 포함하여 새로운 삶을 살았을 것 같다.

휴대폰이 귀띔하는 날

붉게 물든 작은 잎들이 초가을 햇살에 반짝거린다. 입추가 지나면 쏜살같이 달려와 맨 먼저 가을을 알린다는 화살나무이다. 조용한 공원길에서 주머니 속 휴대전화가 진동으로 울린다. 미국 사는 고모의 전화이다. 내 조언 덕분에 큰 병을 합병증 없이 무사히 치료했다며 고맙다는 인사를 전한다.

고모는 참 좋은 세상이라며 만약 아픈 곳 사진을 바로 내게 보내지 못했다면 큰일 났을 거란다. 미국의사의 말대로 조금만 늦었더라면 안면신경마비로 입이 돌아가고 얼굴에 흉터까지 남기게 되었을 것이고, 그러면 친정나들이도 못 할 뻔했다며 안도의 한숨을 내쉰다.

지난번 고모가 다급하게 휴대폰으로 전화한 사연은 이러했다. 3일

전부터 왼쪽 위 눈꺼풀에 깨알 같은 붉은 물집이 서너 개 생겼다. 피곤하여 쉬려했으나 집안행사로 바빴고 마침 토요일이라 병원에 가질 못했다. 일요일에 녹두만한 물집이 일여덟 개 더 생긴 후에는 통증이 점점 심해진다며 응급실로라도 가야하는지를 물어왔다.

나는 물집이 잡힌 곳 사진을 찍어 이메일로 보내 달라 했다. 금방 보내 온 사진을 보니 대상포진이었다. 발병한 지 벌써 3일 이상 되었다니 대상포진 바이러스가 안면신경에 회복이 불가능한 손상을 입혔을까 걱정되었다. 나는 당장 응급실로라도 가야한다고 강조했다. 내게 전화한 날은 월요일이었지만 미국은 노동절이라 병원도 쉰단다.

요즘에는 해외 등 멀리 있는 분이 질병에 대해 내게 상담해오면 사진을 찍어 전자우편으로 보내달라고 한다. 질병을 진단할 때도 백 마디 말보다 사진을 한 번 보는 것이 더 나을 때가 많다. 사진을 찍어 보내는 것이 보편화되어 먼 곳에서도 진료를 할 수 있게 된 세상이다. 발달된 IT기술 덕분에 이렇게 원격진료와 더불어 따뜻한 마음까지 주고받을 수 있으니 내 컴퓨터가 고마웠다.

어린 시절을 같이 보낸 고모와의 만남은 아주 극적이었다. 컴퓨터가 한창 발전하고 있던 시기인 1997년에 나는 미국유학을 갔다. 어렵게 준비해간 국산 노트북컴퓨터는 일본제품보다 훨씬 성능이 떨어졌다. 돈이 아까웠지만 뛰어난 성능의 유혹에 컴퓨터를 새로 장만하지 않을 수 없었다. 혼자서 새로 산 것을 집에 설치하다가 잘 안 되니 컴퓨터 회사에 전화를 걸었다. 영어 실력이 부족하여 안내원의 설명조차 알아듣기 힘들었다. 그래서 영어를 배우려고 간 야간대학 입학시험장에서 우연히 고모를 만났다.

답안지를 제출한 후 의자에 앉으려니 한 동양인 여성이 내게 한국말을 걸어왔다. 혹시 자신을 모르겠느냐고 물었으나 나는 기억나는 이가 없었다. 머뭇거리는 내게 그녀는 내가 졸업한 초등학교명과 자신의 이름을 댔고, 비로소 나는 초등동창인 일가의 고모라는 것을 알았다. 고모와는 어릴 적 동족부락에서 같이 자라며 크고 작은 일에 자주 모이는 가까운 사이였다. 우리는 반가워서 한참 동안 잡은 손을 놓지 못했다. 작은 시골학교를 졸업한 후 30년 만에 이역만리에서 만나는 이런 인연이 세상에 또 있을까 싶었다.

고모는 미군과 결혼하여 미국에 살게 되었고, 남편은 제대 후 컴퓨터공학을 전공해서 그 도시에 본부를 두고 있는 미국은행의 컴퓨터 책임자로 있었다. 그의 사무실에 초대를 받아 갔을 때 미국 전체에 있는 은행지점들과 동시에 화상으로 회의하는 것을 관람하였다. 최첨단 시설에 무척 놀랐다. 그러나 불과 15년이 지난 지금 우리는 외국에 살고 있는 자녀들과 화상통화를 하는 등 일상에서도 그 정도의 시설을 이용하고 있다. 더구나 컴퓨터와 휴대전화는 세계를 석권하고 있으니 한국의 IT기술 발전이 정말 자랑스럽다.

고모는 초등학교 가는 길이 너무 멀어 제 나이에 들어가질 못하고 한

해 늦게 나와 같이 입학하였다. 초등학교시절 학교 옆 냇가에서 베어낸 통 미루나무로 기둥을 세운 교실의 흙벽 틈새로 바람이 맘대로 들락거렸다. 음악시간이면 풍금을 다른 교실에서 우리 교실로 아이들이 들어 날라야 했다. 어느 비 오는 날 음악시간이었다. 양철지붕에 떨어지는 요란한 빗방울 소리에 풍금소리가 들리지 않았지만 아이들 노랫소리는 흙벽을 새나가 비를 타고 멀리 퍼져나갔다.

그때 갑자기 노래를 그만 부르라는 교장선생님의 커다란 목소리가 들려왔다. 노랫소리가 시끄러워서 교육청에서 걸려온 전화를 받을 수 없단다. 전화통 옆구리에 손잡이가 달린 번쩍거리는 검은 전화기는 면사무소 등 관공서에만 있었다.

이런 전화기로 시외전화라도 걸려면 교환수를 몇 단계 거쳐 할 수 있던 시절 전화기에 얽힌 또 다른 잊지 못할 기억이 있다. 초등학교 6학년 때인 1967년 한 어린이신문에 났던 기사이다. 미국 디즈니랜드라는 곳의 미래과학관에는 얼굴을 보면서 통화하는 전화기가 세계 최초로 개통되었는데 미래에는 모든 전화가 그렇게 될 거라는 믿을 수 없는 내용이었다.

그러나 우주인이 우주공간을 떠다니는 사진과 전화선도 없이 지구와 통화하는 내용도 함께 실렸으니 믿지 않을 수도 없었다. 인간이 달에 가기 한 해 전이었으니 지금처럼 주머니 속으로 전화기가 들어오고 외국에 있는 사람과 공원을 걸으며 통화할 수 있을 것까지는 꿈에도 상

상 할 수 없던 시절이었다.

이렇게 놀라운 진화를 거듭하는 전화기를 발명한 사람은 일반적으로 미국의 A.M.벨이라고 알려져 있지만 사실은 A.메우치였다. 음성생리학자였던 벨은 전화기의 성능을 획기적으로 개량하여 대중화에 성공하였다. 그는 영국출신 의사로 세계최초로 수화手話를 개발하여 청각장애인에게 귀를 대신할 소중한 소통수단을 만들어주기도 했다.

요즘 병원에는 휴대전화로 통화하지 말라는 안내문이 붙어 있다. 휴대전화 통화가 전자의료장비의 작동에 지장을 줄 수 있고 진료에도 방해가 되기 때문이다. 그만큼 IT기술이 의료에 깊숙이 관련된다는 증거이기도 하다. 환자들에게 진료실에서는 휴대폰을 끄라고 하면서도 나 자신은 진료하면서 휴대전화기를 진동으로라도 켜놓지 않을 수 없는 세상이니 전화기는 이미 '제3의 귀' 인 셈이다. 또 휴대전화로 수만 리 밖과 통화하고 사진을 받고 보낼 수 있으니 '만 리 입' 과 '만 리 눈' 이라 할 수도 있다.

오늘날 전화기와 컴퓨터 등 첨단기술이 맺어져 진화한 스마트폰은 전화기 기능을 넘어선 개인용 휴대 컴퓨터이다. 현대의 IT기술은 우리에게 과거에는 상상도 할 수 없었던 감각기관과 소통기관을 만들어주고 있다. 전문가들은 머지않아 모든 기계가 다른 기계와 대화하는 기능을 갖게 될 것이며 스마트폰이 여기서 얻은 여러 가지 정보로 모든 기기를 통합하고 제어하는 역할을 할 것이라고 한다.

즉 스마트폰이 세탁기나 밥솥과 대화하여 사람에게 조언을 해줄 것이다. 그뿐만 아니라 사람의 건강상태나 감정까지도 알아차려 필요한 것을 척척해주는 시대도 올 것이라 한다. 평소에 노인 환자를 진료하다보면 진료를 끝내고 갔던 분이 다시 돌아와 진찰 받는 경우가 자주 있다. 집에서 준비했던 말을 막상 진찰 받을 때는 잊어버렸기 때문이라고 한다. 하루빨리 IT기술이 발전하여 노인들이 하고 싶은 말을 기억했다가 필요할 때 다시 말할 수 있는 기능이 있는 스마트폰이 개발되었으면 좋겠다.

앞으로 IT기술이 고도로 발전하면 기계가 인간을 통제하거나 사람들끼리 멀어질까 걱정하는 사람들도 있다. 이런 염려를 덜어줄 수 방법이 있을 것 같다. 불편한 사람들의 기능을 대신해주고 따뜻한 마음을 주고받을 수 있는 기능을 많이 개발하여 스마트폰에 담는 것이다. 이에 그치지 말고 그 기능을 잘 이용하는 문화운동도 같이 벌리면 더욱 좋을 것 성싶다. 전문가들은 머지않아 스마트폰이 주변 분위기를 알아차려 축하한다고 말하거나 위로의 음악을 들려주기도 하는 날이 올 것이라 한다. 어느 한낮에 스마트폰이 깃을 세운 화살나무가 벌써 가을을 꽂아 놓았다며 근처 공원으로 가보라고 내게 귀띔 하는 날을 꿈꿔본다.

5

바닷가를 거닐며

살구

봄꽃 지고
잊힐 듯 말 듯한 그곳에
휘파람새가
휘리릭
살구 알 색깔로 날아들었다.

군침 참고 한참을 쳐다본다.

초록 잎에 숨은
연노란 살점의 유혹이
휘파람새를,
나를 이리도 아찔하게 만들까?
아삭 한입 깨물어 본다.
파–
풋 여름 맛에
한낮 졸음이 신발을 들고 줄행랑치고

내 마음은
고향집 울타리에 선 살구나무 아래로 달려간다.

박달게전傳

바닷가에 사는 글동무가 제철 대게를 맛보라고 초대했다. 설레는 마음으로 영해에 도착했더니 온화한 봄 바닷바람이 일행을 반겼다. 해변 식당에서 파래며 오돌오돌한 소라에 돌문어까지 봄 해산물을 먹었고 마당 앞이 바로 바다인 숙소에 여장을 풀었다.

동해 해돋이를 보려고 새벽 5시에 일어났다. 달은 구름 뒤에서 '숨었다 나타났다' 를 계속하는데 파도소리에 이끌려 자그만 모래밭을 건너 갯바위에 이르렀다. 어디가 바다이고 어디가 하늘인지 알 수가 없었다. 옛날 영해 봄 바다에는 대게가 얼마나 흔했던지 새벽에 부엌으로 밥 도둑질하러 나온다는 이야기가 있었다. 내 옆으로 대게가 기어 나올 것만 같았고, 드넓은 바다 저 멀리에 전설 속 동해 용왕국 영덕전

盈德殿도 있을 성싶었다.

아침 해변을 구경하고 대게를 맛보려 시장골목에 들렀다. 대게 전문 식당에서 아침에 잡아왔다는 튼실한 대게를 놓고 글동무 넷이 둘러앉았다. 등껍질이 무척 붉고 배는 희며 살이 토실하였다. 집게발을 잡아 게 다리 하나를 뜯어냈더니 몸통에 붙은 부드러운 게살이 함박눈처럼 허옇게 붙어 나왔다. 다리 껍질이 얇아 손으로 뜯어도 명주실 타래 같은 살이 발라졌다. 담백하면서도 쫄깃한 게살을 먹는 데는 아무 양념도 필요 없었다.

우리가 먹은 것은 대게 중에서도 가장 살이 깊다는 '옥돌잠의 박달게' 였다. 크기에 비하여 무겁고 박달나무처럼 단단하다고 붙여진 이름이 박달게이다. 대게를 고를 때는 눌러봐서 속이 단단하게 차 있는 것이 좋다. 크기보다 살이 얼마나 차 있는가에 따라 상품가치가 결정된다. 대게는 11월부터 다음해 5월까지 나지만 2월에서 4월까지 그 맛이 제일이다. 식당주인은 요즘 어린 대게까지 잡는 등 남획과 바다오염으로 대게가 줄어들어 걱정이란다.

고향이 영해 바다와 가까운 안동이라 나는 어릴 적부터 봄이면 대게를 맛볼 수 있었다. 버들강아지가 피어나는 2월에 태어난 강아지를 두 달 가량 키워 4월이면 5일장에 내다팔아 대게를 사기도 했다. 대게가 흔한 시절이라 보리쌀과 바꿔 먹기도 했다. 할머니는 먹고 난 게 바가지를 손자들이 홍진紅疹할 때 달여서 해열제로 쓰려고 말려서 소중히 보관했다.

영해에서 울진 십이령을 넘어 봉화로 가는 주변에는 대게처럼 껍질이 붉은 금강송이 빽빽하였다. 박달나무가 어우러진 어딘가에 있을 '찬물내기 주막 터'는 옛날 영해에서 내륙을 오가며 고달픈 삶을 살았던 삯짐꾼들의 애환이 서린 곳이다. 대게 등 해산물이 변하면 짐 값을 제대로 받을 수 없었으니 갈 길이 바빠 옷 입은 채 서서 찬물을 끼얹었다는 곳이다.

서울 집에 돌아오자마자 잠에 골아 떨어져 대게 꿈을 꾸었다. 화려한 영덕전에서 용왕이 만조백관을 거느리고 어전회의를 하는 중 대게의 처량한 목소리가 들렸다.

"요즘 인간들이 어린 대게들까지 함부로 잡아가니, 저희 종족들이 대대로 살아온 고향바다에서 멸족할까 두렵사옵니다. 최근에는 인간들이 깊은 바다까지 오염시키니 다 자란 대게들도 숨쉬기조차 어려운 지경이옵니다. 바라옵건대 용왕님께서 소생을 바다를 지키는 데 써주신다면 바다나 뭍을 가리지 않고 어디든 갈 것이며 기꺼이 이 한 몸을 바치겠사옵니다."

대게의 간절한 진언에 놀라 그만 잠을 깨고 말았다. 그날 저녁 꿈을 바탕으로 게의 속성에 관해 언급된 옛 자료들을 모아 대게를 사랑하라는 뜻에서 '박달게전傳'을 지었다.

동해용왕 광연왕廣淵王은 영덕전 새로 짓고 큰 잔치를 베풀었다. 남해용왕 광리왕廣理王과 서해용왕 광덕왕廣德王을 청하고 군신빈객과 수삼 일을 즐기더니 아끼는 바다백성들의 새봄맞이를 살피러 용궁을 나섰다. 때는 봄인지라 바다 속에도 미역 새순이 돋고 산호도 붉은 빛이 더하였다. 이때 홀연히 광연왕의 수레를 가로막는 자가 있다.

"맹랑한 녀석이로군. 저 녀석의 이름이 무어냐?" 하고 용왕이 시립侍立한 천년 묵은 문어에게 하문한다. 문어는 불룩 튀어나온 눈을 껌벅이며 자세히 살핀다. 대게는 마치 수레바퀴에 덤벼들려는 것처럼 자세를 취하며 터질 듯한 알통에 날카로운 톱니를 장착한 두 앞발을 높이 들고 있다. 바위틈에 살 때 자신을 자주 공격하던 낯익은 얼굴이라 문어는 깜짝 놀라 하마터면 어전에서 불경스럽게 두루주머니를 흔들 뻔했다. 하지만 대신의 체면이 있으니 짐짓 태연한 체하며 목소리를 가다듬어 아뢴다.

"예, 대게라 하는 자이옵고 죽해竹蟹 또

는 대해大蟹라고도 하옵니다. 이 자는 옆으로만 갈 줄 알고 물러설 줄 모르오며, 제 힘도 모르고 강적에게 마구 덤벼드는 철없이 포악하기만 하옵니다. 이런데도 혹자는 기개가 있다하여 횡보개사橫步介士라 하기도 하옵나이다."

용인달통用人達通한 용왕은 첫눈에 알아보고 만면에 미소를 지으며 고개를 끄덕인다.

"잘 다듬으면 필경 천하무적의 충성스런 용사가 될 것이로다." 하고는 그 용기를 가상히 여겨 수레를 멈추고 가까이 부른다. 문어는 남다른 충성심으로 문성장군文成將軍 시호諡號까지 받았던 터라 벽력같이 소리친다.

"어서 부복하지 못할까. 감히 어느 안전이라고 무엄하도다!"

대게가 수레 가까이 걸어오는데 바로 걷지 못하고 옆으로 걸어와 머리를 조아리고 넙죽이 엎드린다. 어전御前이지만 타고난 천성은 어쩔 수 없는지 툭 튀어나온 두 눈은 부라린 모습이다. 붉고 넓은 등딱지에는 상처가 아문 것 같은 사마귀 모양 돌기에다 작은 따개비들까지 앉아 있다. 천상 방랑검객의 험상궂은 모습이다. 신하들의 만류에도 불구하고 용왕은 어전에서 대게가 스스로를 밝힐 기회를 준다. 무식하게만 보였던 대게는 마치 준비한 듯 게거품을 물고 달변으로 용왕께 아뢴다.

"소생은 동해바다 속에 사는 박달게라고 하옵니다. 저희 일족은 주로 깊은 바다 속에 사오나 보름달이 뜰 무렵이면 얕은 바다로 기어 나가기도 하옵니다. 소생도 춘풍 호시절에는 가끔 육지까지 올라간 적도 있사옵니다. 뭍에 나가보니 용왕님께서 영덕전을 새로 짓고 백성들을 어여삐 여기시는 것을 본받으려 인간들도 예주禮州였던 그곳 지명을 영덕盈德으로 바꾸었사옵니다. 인간들도 이러할진대 비록 소생이 출사出仕는 하지 않았사오나 하해와 같은 용왕님의 은혜를 어찌 모를 것이며 충성심 또한 어전에 있는 신하들보다 못하오리까."

"바로 걷지 못한다고 소생을 헐뜯는 인간들이 있으나 저는 언제나 한결같은 게걸음이옵니다. 인간들은 이해관계에 따라 철새처럼 바로 걷다가 옆으로 걷기도 하고 좌로 걷다가 우로 걷기도 하옵니다. 어찌 바로 걸으며 생각이 삐뚤어진 인간들보다 소생이 못하오리까."

대게는 게거품을 삼키고 게눈 감추듯이 두 눈을 껌뻑거리며 말을 이어간다.

"사람들은 우리 일족을 일컬어 내장이 없다하여 무장공자無腸公子라 하오나 사실이 아니옵고 내장을 바가지 속에 감추고 있을 뿐이옵니다. 그러니 우리더러 내장이 없어 배알이 없다는 말은 무지의 소치이옵니다. 우리의 내장은 모두 깨끗하여 인간들이 밥을 비벼 먹는 등 아주 귀히 여기고 있사옵니다. 더구나 내장이 많으면서 힘 있는 자에게 아부하기 바쁜 구린내 나는 인간들의 내장과는 비길 바가 아닌 것으로 알고 있사옵니다."

용왕은 만면에 미소를 지으며 시립한 만조백관들 앞에서 어명을 내린다.

"이렇게 훌륭한 바다백성이 있단 말인가! 최근 왜국倭國이 우리 바다 이름을 제멋대로 바꾸고 탐내려까지 한다고 하니 박달게에게 동해를 지키는 죽해장군竹蟹將軍 동해수호절도사東海守護節度使에 명命하고 그 종족이 영원히 번성할 수 있게 도와주도록 하라!"

우리의 바다 관련 옛이야기 속 등장인물에는 문어, 물고기, 자라, 등은 있으나 동서남해에서 가장 흔한 바다동물인 게에 대한 언급은 없다. 하여 대게가 번성하고 동해바다를 영원히 지켜주시기를 간절히 바라는 마음에서 동해용왕님께 이 '박달게전' 을 바친다.

자리돔과 김 만덕

해(海)바라기 선정 우수해양수필 작품

투명하게 펼쳐진 바다는 하늘에 물들어 옅은 쪽빛이다. 아열대림으로 우거진 해안 절벽을 따라 한 중년 여성이 대나무뗏목으로 만든 제주 전통 배를 저어가고 있다. '테우' 란 이름의 이 배는 화산암 섬 사이로 골목길 같은 바다를 요리조리 능숙하게 떠다닌다. 어부들이 긴 장대에 매달린 그물로 물고기를 끌어올리니 펄쩍펄쩍 뛰는 손바닥만 한 검은 자리돔들이 가득하다. 얼마 전 인기리에 방영된 조선후기 제주 거상 김 만덕의 삶을 그린 TV드라마의 한 장면이다. 내게도 자리돔에 얽힌 조각배 같은 추억들이 있다.

20대를 마감하던 시절 친구들과 남해로 감성돔 낚시에 나섰다. 물살을 따라 얼레로 낚싯줄을 '감았다 풀었다' 되풀이 했지만 오랜 동안 입질이 없었다. 낚시 손맛도 못 보고 점점이 흩뿌려진 섬들을 눈길로만 기웃거리며 무료한 시간이 흘렀다. 한편으로는 시원한 바닷바람을 쏘이니 잠시나마 살벌한 비상계엄 사태 병영생활로부터 해방된 느낌이었다.

"이게 웬 떡이야!"

나는 갯바위 위에서 펄펄 뛰는 물고기를 반갑게 주웠다. 친구가 처음 낚은 물고기를 훌쩍 집어 던지는 것이었다. 프로 낚시꾼인 그들은 감성돔이 아니라고 천덕꾸러기 대접을 했지만 내게는 횡재였다. 자세히 보니 회갈색 등과 푸른 은색 배에다 작고 야무진 입을 빼금거리는 것을 보면 자리돔이 분명했다. 살아 있을 때에는 꼬리 부분에 눈目 모양의 선명한 흰색 반점이 있으나 물 밖에선 이내 사라지니 신기했다. 이 녀석들만 가져가도 갯바위낚시를 다녀왔다고 말할 수 있을 것 같았다.

바다낚시를 즐긴 후에야 알게 되었지만 감성돔 찌낚시는 고수들에게도 쉽지 않은 종목이었다. 잘 잡힌다는 포인트에 자리 잡았지만 그날 감성돔 수확은 중치도 못 되는 세 마리가 고작이었으니 정말 초라하였다. 다행히 '잡어' 라고 홀대했던 자리돔 30여 수가 있어 회와 매운탕으로 실컷 먹고도 남았다.

TV다큐멘터리에서 제주 바다 속 산호초 주위를 자리돔, 노랑자리돔, 연무자리돔, 세줄용궁자리돔 등 자리돔류들이 수놓고 있는 것을 본 적이 있다. 넓은 바다로 가는 길이 열려 있는데도 제자리를 떠나지 못하고 몰려 살아 얻은 이름이 자리돔이다. 이 물고기는 보통 붕어 크기로,

최대 몸길이는 어른 한 뼘 정도까지 성장한다. 산호초와 암초가 있는 연안 주변에 큰 무리를 이루어 중하층으로 헤엄쳐 다닌다. 여러 종류의 도미들과 같이 사니 감성돔에 곁들여 자리돔이 자주 낚이는 것이다. 그래서 우리도 그날 자리돔을 많이 잡았을 것이다. 왕성한 번식력 덕분에 자리돔은 남해안에서 돔 종류 중에 가장 많은 어획량을 차지한다.

다시 자리돔을 만난 것은 그로부터 10년 후이다. 서귀포에서 서쪽으로 대정읍 산방산까지 구경하고 나니 멀리 송악산이 나지막이 보였다. 제주에서도 풍광이 빼어나 그림엽서에도 자주 등장하는 곳이다. 넓게 펼쳐진 보리밭을 지나 민박을 겸하는 식당에서 해변의 저녁을 맞이하였다. 훈훈하면서도 신선한 오월 바닷바람을 맞으며 넓은 평상에 앉아 저녁놀을 바라보니 편안하고 넉넉한 마음이었다. 외항선원 경력이 있다는 일흔을 넘은 주인장은 멋지게 흰 수염을 길렀다. 같이 간 동료들이 함께 자리돔 물회에 약주를 했다. 몇 순배 술잔이 돌아가자 해는 지고 파도 소리는 점점 크게 들려오는데 거나해진 어부는 자리돔 이야기를 했다.

자리돔은 제주의 명물이자 여름철 횟감의 으뜸이란다. 이를 이용한 요리법 중에 가장 대표적인 것은 자리물회이다. 예전 제주 어민들은 자리돔을 잡다가 끼니때가 되면 뼈째 썰어 채소와 양념을 섞은 다음 물에 부어 마셨다. 이 별미는 자리돔을 잡으면서 변변한 식사를 준비하지 못했을 때, 어부들이 먹었던 것에서 유래한 것이다. 이른 봄에 잡히는 자리돔은 아직 뼈가 여물지 않아 뼈째 먹기 적당하다. 바다 일로 지

친 어부들에게는 단백질과 칼슘의 보고이다. 자리돔 회의 제철은 5~8월이지만, 제주특산이 된 이 물회의 제철은 유채꽃 필 무렵이니 그때 다시 오라고 했다.

제주도민들에게는 자리돔은 단순한 생선 이상의 의미가 있다. 제주도는 화산지대이라 물을 가두기 힘드니 논농사보다 밭농사를 주로 지었지만, 그나마 가뭄이 드는 해에는 식량을 구하는데 아주 곤란을 겪었다. 다행이도 기근이 심한 보릿고개에 믿을 곳이 하나 있었다. 보리가 팰 무렵이면 더 없이 고맙게도 자리돔이 몰려들어 배고픔을 달래주었던 것이다. 제주도 사람들은 자리돔을 잡는 것을 '자리돔 뜬다' 고 하는데, 이는 '테우' 를 타고 그물로 떠내는 방식으로 잡았기 때문이다. 지금처럼 어구漁具가 발달되지 않았던 시기에 이 방법은 아주 능률적이었다. 김 만덕도 이렇게 잡은 자리돔을 염장하여 많은 양을 육지와 거래했다고 한다.

소설《거상 김만덕》과 다른 기록에 의하면 김만덕이 200여 년 전 거상이 될 수 있었던 것은, 제주 특산물을 육지에 팔고 섬에 필요한 생필품을 들여와 시세차익을 남기는 장사를 통해서였다. 제주 특산물로는 말총, 버섯, 말린 해초 등이 있었으나 자리돔이 큰 몫을 차지했다. 이렇게 큰돈을 모은 김 만덕은 제주에 최악의 기근이 닥쳤던 해에, 전 재산을 제주관아에 기부했다. 당시 조정에서 보낸 구휼미를 싣고 오던 배들이 침몰하면서, 3년 전부터 계속된 기근이 절정 상황을 맞은 시기였다. 조선의 여인으로 태어나 신분, 성별, 출생지를 극복하고 거상巨商으로 성공한 것도 대단한데, 오늘날에도 쉽지 않은 재산의 사회 환원을 그때에 했다고 하니 놀랍다. 김 만덕은 조선역사상 여성으로서는 전무후무하게 조정 삼정승 앞에서 임금을 알현하는 영광을 가졌다. “어려운 가운데서도 돈을 모아 흉년에 굶주린 사람을 구제하였고, 상을 받기를 사양하고 한양과 금강산 구경을 원한다니 참으로 대범한 여인이로구나.”하는 정조 대왕의 치하를 받았다.

김만덕은 섬이라는 지리적 한계와 여성에게 강요된 시대적 굴레를 극복하려 불리한 조건이었던 바다를 역이용하였다. 자신의 꿈을 이루려 가난하고 어려움에 처해 있던 선원, 객주, 어부 등 바다에 관련된 여러 분야의 사람들을 돕느라 혼인도 하지 못했다. 이들은 경제적 이해관계를 떠나 그녀가 주도하는 객주를 통해 신뢰를 구축하였다. 마침내 그녀는 귀중한 인적자원을 바탕으로 성공한 해양CEO가 될 수 있었다. 이런 이유로 김만덕이 최근 5천원권 화폐의 초상으로 추천되기도 하였다. 전 세계를 활동무대로 하는 현대판 김만덕이 나오기를 간절히 기대해본다.

한국은 3면이 바다이기에 가질 수 있는 장점이 무수히 많다. 육지에서 어려움에 처하거나 한계에 부딪치면 바다에서 대안을 찾을 수도 있을 것이다. 과거에 풍부하던 남해안 자리돔도 최근에는 많이 줄어들었다고 하니 안타깝다. 혹시 자리돔을 잡을 생각만 하고 자리돔이 번성할 수 있게 바다를 가꾸는데 소홀하였기 때문은 아닐까. 지금 바다는 환경오염과 지구 온난화 등으로 많은 문제에 직면해 있다. 우리는 그동안 귀중한 바다에서 얻기만 하거나 개발하여 이용만 하고 진정 아끼고 사랑할 줄 몰랐던 것은 아닐까.

문어의 한恨

동해 용왕국 광연왕廣淵王에게는 한 충신이 있었으니 예부상서禮部尙書 벼슬을 하는 천년 묵은 문어였다. 그는 용왕이 중병에 걸리자 영약靈藥인 토끼 간을 구하러 육지로 출발하려다가 달변가 자라의 예상치 못한 훼방으로 꿈을 이루지 못했다. 문어는 노한 나머지 두 눈을 부릅뜨고 검붉은 머리를 흔들다가 다리를 쭉쭉 벌리며 "요망한 자라야! 두둥실 하늘에 구름 떠 있는 그곳으로 배 타고 가련다." 하고 벽력 같이 소리쳤다.

이런 《별주부전》문어의 애통한 외침을 현장에서 들어보려 동해로 향했다. 미시령을 넘는데 맑던 하늘이 갑자기 구름으로 뒤덮였다. 짙은 구름 속에 길은 구부러지고 또 구부러져 천천히 운전하기도 힘들었다. 자칫 잘못하면 아찔한 낭떠러지 아래로 직행할 것만 같았다. 《별주부전》의 문어 말대로 '두둥실 구름 떠 있는 곳' 이 바로 거기 아닐까. 친구들과 낚시를 떠난 동해 여행길이지만 오래전부터 들어 온 문어의 한이 떠올랐다.

배타고 동해로 나가는 낚시라니, 색다른 경험에 대한 기대는 백두대간처럼 높았다. 초여름 내설악의 싱그러운 녹음은 차창을 끌어내렸다. 나무가 내뿜는 맑은 공기가 폐로 들어가니 허파꽈리가 탱글탱글하게 부푼 느낌이었다.

우리 중에서 예를 갖추기를 좋아하는 사람들은 문어를 잡는 팀으로, 긴장이 많이 쌓인 이들은 쏠린 눈으로 세상을 바라보는 가자미를 낚는 팀으로 나누었다. 가자미낚시는 한 사람이 여러 번 손맛을 볼 수 있어 스트레스를 풀기에 좋다는 말에 나는 가자미 팀에 지원하였다. 문어 팀은 장관급인 예부상서를 모시러 가니 소주와 안주 등 예물을 충분히

갖추어야 한다며 수선을 떨었다. 미리 연락해둔 선주船主와 만나 배를 나누어 타고 바다 가운데로 향했다.

한 시간 정도 어선을 타고 망망대해로 나갔다. 하늘과 맞닿은 동해는 용왕국을 세우고도 남을 만큼 넉넉하고 평화롭게 보였다. 한편 이런 작은 파도에도 배가 흔들리니, 넓은 바다가 화를 낸다면 세상 모든 것을 삼킬 수도 있을 것 같았다. 거대한 대자연 앞에서 인간은 한없이 작고 나약하게 느껴졌다.

낚시를 시작하자마자 가자미가 올라와 모두 들떠 낚기에 바빴다. 나도 맨 처음 잡은 가자미를 조심스럽게 두 손으로 잡고 상견례를 했다. "화가 나지도 않았는데도 옆으로 흘겨본다."는 바로 그 얼굴이었다. 낚싯줄이 엉키면 감당도 못하는 초보들이었지만, 한 번에 두세 마리 걸리는 경우도 있어 50여 수나 잡았다. 의기양양하게 돌아오며 휴대전화로 문어 팀에게 물었더니 예부상서는 바쁘셔서 못 뵈었지만, 대신 청년 문어 3마리를 데려온다고 했다.

바닷물에 담겨 숙소에 도착한 문어는 여덟 갈래 다리를 가지런히 모으고 용왕국 명문가 출신의 의젓한 면모를 보여주었다. 마침내 용왕도 인정하던 그 용맹을 시험할 시간이 다가왔다. 팔팔 끓는 물에 문어를 던져 넣었다. 문어는 긴 다리가 오그라드는 극한 상황에서도 그만의 특수무기인 먹물을 한 방울도 쏘지 않았다.

보다 못하여 자비로운 한 친구가 즉시 구출에 나섰다. 그 친구는 문어발식으로 확장하다가 부실기업이 된 대기업의 구조조정본부장이었다. 그는 능숙하게 문어를 살짝 데쳐냈다. 양념과 풋고추, 오이, 검붉게 변한 문어머리와 다리를 비껴 썰어 놓고 모두를 불렀다. 문어를 삶거나 인력구조조정을 하거나 간에 오래 끌면 굳어져서 맛이 떨어지니, 사전에 면밀하게 준비하고 일은 전광석화처럼 마쳐야 한다는 것이 그의 지론이었다.

여럿이 즐기니 문어 맛은 더욱 일품이었다. "세상 사람들이 너를 보면 잡아다가 요리조리 오려내 국화송이 모양으로 만들어서 혼인잔치와 환갑잔치에 쓸 것이다. 그리고 여러 선비들과 기생들이 즐기는 술상이나 아이들 군것질에 쓸 것이 네 고기니 두렵고 무섭지 않으냐?"라고 한 《별주부전》의 자라 말대로 문어숙회는 잔치에 제격이었다.

서울로 돌아오는 길에 우리는 문어요리 전문식당에 들렀다. 먹물로 삶은 국수에다 별미튀김요리까지 나왔다. 문어 살은 지질과 당질의 양은 적고 단백질이 풍부해 다이어트에 좋다. 문어 먹물 속의 타우린은 혈액 중성지질과 콜레스테롤을 효과적으로 낮추고 콜레스테롤계의 담석을 녹이는 등 간 해독작용을 하므로 피로회복에 효과적이다.

과학자들이 외계인을 종종 문어의 모습으로 상상하기도 한다. 그 이유는 문어가 무척추동물 중 가장 복잡한 뇌를 가졌기 때문이다. 장기 기억과 단기 기억을 나누어 가졌으며, 시행착오를 통해 문제 해결을 익힌다. 한번 어떤 문제를 해결하면 잘 기억하여, 비슷한 문제가 생겼을 경우 쉽게 해결하는 학습능력이 있다. 그 이유는 문어가 인간처럼 통합능력을 갖춘 중추신경계를 갖고 있기 때문이다. 그래서인지 독일의 한 수족관 문어는 2010년 월드컵축구대회 승부를 7번이나 정확하게 예측하여 세상을 놀라게 한 적이 있다.

문어는 바위동굴을 중심으로 밤에 사냥 나가고 낮에 다시 자신의 집으로 돌아온다. 암컷은 알을 낳은 후 부화할 때까지 먹이도 먹지 않고 산소를 공급하며 5개월 이상 지키고 있다가, 부화를 마친 후에 죽는 지극한 모성애를 가졌다. 만약 두 개체의 문어가 마주치면, 작은 개체가 물러남으로써 동족 간에는 싸우지 않는단다. 텃세를 부리지 않고 개체 간에 계급도 형성하지 않는 등 평화로운 종족이다.

문어는 상황에 따라 색깔을 달리하는데 흰색은 공포를 느낄 때, 붉은색은 화가 났을 때이다. 위기에 처할 때 내뿜는 먹물은 시야를 흐리게 하기 위한 것이 아니고, 나쁜 냄새로 적을 물리치기 위함이다.

예부터 선비들의 음식이라 생각하여 문어를 잔치나 제사에서 빼놓지 않았다. 그 이름만 해도 글월 문文자를 쓰는 것도 무리가 아니다. 또한 문어의 둥근머리는 도의 원리를 알려주는 것으로 깨달음을 뜻하고, 바다 깊은 곳에서 최대한 몸을 낮추어 생활하는 습성은 선비들의 최고 덕목인 겸양의 뜻을 담고 있다고 여겼다.

인간은 살과 먹물까지 바쳐 도움을 주는 문어에게 가당찮은 누명까지 씌우고 있다. 날 때부터 8개인 문어다리는 위기에 처할 때 살기 위해 스스로 잘라버릴 뿐이지 불필요하게 더 만들지 않는다. 그런데도 사람들은 흔히 탐욕스럽게 여러 분야로 무분별하게 사업을 확장하는 것을 문어발식 확장이라 한다.

동해 용왕국 광연왕이 천년 묵은 문어를 외교, 예절, 교육정책을 담당하는 예부상서에 임명한 것은 인재를 제대로 알아본 훌륭한 인사정책이었다. 요즘처럼 인사청문회로 여론이 시끄러울 때 문어라면 까다로운 검증도 무난하게 통과할 성싶다.

올해도 천년 묵은 문어를 찾아 동해로 떠나련다. 문어에게 동족 간에 평화롭게 사는 방법 등 산적한 한국의 국정현안을 자문해보자. 문어는 용왕국 외교를 담당하는 예부상서가 된지 오래이니 독도에 대해 억지를 쓰는 왜국倭國에 대해서도 특단의 대책이 있을 것 같다.

바다 나그네

생활에 지칠 때면 하루 동안이나마 '바다 나그네' 가 되고 싶어 찾아가는 섬이 있다. 많은 것을 품고도 여유 있는 바다는 내게 쩨쩨하게 살지 말라고 한다. 갯냄새를 맡으며 바다에 묻혀 지내다보면 다시 일상으로 다시 돌아갈 힘을 얻는다.

서울에서 차로 약 40분 달리니 대부도 입구 시화방조제이다. 우측으로 멀리 송도신도시가 보인다. 좌측에서 수평선까지 거침없이 오라는 시화호의 손짓을 따라 방조제 길로 가니 시화조력발전소가 나온다. 세계최대 규모이며 조만간 완공을 앞두고 시험가동 중이다. 민물과 썰물을 이용하니 연료가 필요 없는 무공해 시설로 조석간만의 차가 큰 서해에 주는 자연의 선물이다.

바다 한가운데로 30여리 방조제를 달리니 대부도이다. 인천 남서쪽에 있는 서해안의 큰 섬으로 현재는 시화간척사업 덕분에 화성시에 연륙되어 있다. 섬 초입에 있는 방아머리 선착장은 경기만 일대의 섬을 오가는 여객선으로 늘 붐빈다. 뱃고동을 울리며 자월도로 가는 배에서는 이미자가 부른 〈섬마을 선생님〉이 들려온다. 이 대중가요는 자월도 아가씨와 서울에서 온 초등교사가 나눈 애절한 사랑의 실화를 바탕으로 만들었단다.

"해당화 피고 지는 섬마을에……"를 흥얼거리며 줄지어선 해송 숲을 지나 방아머리로 들어선다. 횟집들이 즐비한 방아머리를 지나 포도밭 사이로 난 길을 20분 정도 달려 바닷가 자그만 대남초등학교에 이른다. 해변 꽃밭은 과꽃, 분꽃, 봉숭아, 맨드라미, 백일홍과 갯메꽃 등 우리 꽃들로 가득하다. 해안에 줄지어 선 해송들이 오늘따라 더 높아 보인다. 호젓한 바다 나그네의 자유를 느끼려 바다 한가운데인 선재도로 가자.

선재도로 가는 길가에 왕대나무숲이 무성하다. 한반도의 남부에만 자생하는 대나무가 중부지방인 대부도에도 자라고 있는 것을 보면, 내륙 깊숙이 들어온 경기만 때문에 예로부터 이곳 기후가 따뜻했다는 걸 알 수 있다.

만조 때인지 대부도 앞 바다는 꽉 찼다는 말 만으로는 부족하다. 해변의 기암괴석 뒤편은 울창한 숲이다. 파도가 섬을 껴안으려 달려오다 갯바위에 부딪혀 포말로 산산이 부서지는 것을 바라보며 숲 안으로 들어

가 홀로 앉는다. 숲을 스치는 바람소리는 가냘픈 현악기 소리를 내고 부서지는 파도는 힘찬 타악기 소리를 내니 바다가 들려주는 교향악이다.

시원하게 뚫린 해변 도로를 따라가니 활모양으로 멋을 낸 사장교인 선재대교가 나온다. 대부도와 영흥도 사이에 있는 선재도와 주변 작은 섬들은 하나같이 잘 가꾸어 놓은 분재처럼 숲이 우거져 있다. 그 중에서도 목섬 갯벌에서는 썰물 때마다 걸어서 섬으로 갈 수 있는 바닷길이 열린다. 바닷물이 빠지고 있는지 목섬으로 가는 고운 모래 길로 호미 들고 바구니 멘 사람들이 줄지어 서있다. 풍성한 개펄이 주는 선물을 기대하는 것 같다.

또 하나의 멋진 사장교인 영흥대교를 건너가니 언제나 가슴을 설레게 하는 영흥도 '십리포 해수욕장' 이 나온다. 이곳 봄 언덕은 애틋한 추억처럼 붉게 피는 해변 진달래로 유명하다. 고운 백사장과 쪽빛바다 저편에서 점점이 오가는 기선을 보니 나도 어디론가 떠나고 싶다.

십리포의 자랑인 천연기념물 '서어나무 숲' 으로 가보자. 울창한 활엽수 숲속은 바닷바람이 들어오는 천연 냉방기다. 그러나 깜짝 놀랄 일을 목격하고 가슴이 철렁한다. 이 숲에서 고기를 굽고 술판을 벌이고 있는 것이다. 피서객에게 물으니 최근에 입장료를 내면 취사까지 가능하단다. 사라지면 다시는 회복할 수 없다는 이 천연기념물이 필요 없다는 말인가?

무거운 발길로 '농어머리' 를 찾아간다. 내가 보았던 외국의 어떤 해변보다 더 아름다운 곳으로 속이 다 보이는 옥빛 바다에서 달려온 파도는 수석壽石처럼 기이한 갯바위에서 거품으로 사라진다. 특히 산山벚과 팥배나무 꽃이 만발하는 봄이나, 단풍이 곱게 드는 가을에는 산과 낭떠러지 바위와 바다가 연출하는 경치에 나를 잊어버린다고 말할 수밖에 없다.

이곳에서도 자연파괴 현장을 만나니 실망을 넘어 허무하다. 소나무, 소사나무, 팥배나무, 이팝나무, 수수꽃다리 등 소중한 나무들이 뿌리채 파헤쳐져 있다. 펜션단지를 만들다 공사가 중지된 거란다. 한 번 망가진 이곳을 예전처럼 회복할 길은 없을 것 같다. 해변으로 내려가 살펴보자. 해변은 워낙 험한 곳이라 잘 보존되고 있다. 그러나 기암괴석 자연동굴마다 부서진 스티로폼 가루로 가득하다. 누가 버린 것이 아니라 파도에 밀려와 쌓인 것 같다.

이 안타까운 마음을 길가 해당화들이 달래준다. 사랑에 목이 메어 피를 토하며 피는 꽃이 해당화라 했던가. 식당 앞 정원에 엄지만 한 해당화열매가 익어가고 있다. 피를 토하는 사랑은 유난히 크고 붉은 이곳 해당화열매처럼 향기롭고 달콤한 맛일까.

발길을 되돌려 방아머리 근처 구봉도로 가자. 울창한 해변 숲과 떨어져 해송 한 그루가 넓은 해변을 지키고 있다. 염전개발로 대부도와 연결된 이 섬은 아홉 개의 봉우리가 있다하여 구봉도라 한다. 야생화와 낙조로 유명하며, 특히 할아비바위와 할미바위는 사진작가들이 즐겨

찾는 곳이다. 최근 어촌체험마을에 조성된 '둘레길' 을 걸어간다.

굴 껍데기가 대부분인 조개껍데기 해변을 바삭바삭 걸으니 과자 위를 걷는 것처럼 호사스럽다. 개펄에 들어가니 망둥이는 발걸음 소리에 놀라 번개 같이 숨는다. 바지락과 방게가 놀고 있는 개펄 웅덩이의 맑은 물을 손으로 찍어 맛본다. 생명의 보고인 갯벌은 짭조름하다. 이곳에선 뙤약볕이라도 맥고모자만 쓰면 시원한 바닷물 때문인지 덥지 않다.

갯벌을 나와 '둘레길' 을 따라 구봉도 정상으로 향한다. 울창한 숲 그늘로 불어오는 시원한 바닷바람을 간직했다가 아끼는 분들에게 나눠드리고 싶다. 휘감고 또 감은 다래넝쿨 속에서 끼룩끼룩 노래하는 유지매미소리, 마가목, 골무꽃, 동자꽃, 앵초와 노루귀가 반긴다. 나리 종류만 해도 날씬한 하늘나리를 비롯하여 말나리, 산나리, 참나리 등 여럿이다. 갯바위 위에 두꺼운 잎에 구절초 같은 흰 꽃이 다복이 피어 있다. 백합과일 것 같은 식물이름을 나중에 알아보려 사진을 찍어두자. 바다는 야상화의 보고를 오롯이 지키고 있다.

정상부근 울창한 아름드리 적송들은 거친 바닷바람 탓에 모두 육지 쪽으로 쏠려 자라고 있다. 바르게 자라지 못하고 한 쪽으로 기울어져 있어도 멋지다. 세상만사 애쓴다고 바른대로 다 이루어지는 것은 아니니 저 소나무들처럼 할 수 있는 만큼이라도 멋지게 살아 보자.

정상에 오르니 해가 지고 있다. 온 세상을 빈틈없이 찾아드는 황금빛 노을을 바라보며 상념에 젖는다. 끝없이 펼쳐진 바다는 한없이 평화롭기도 하고 때로는 노하기도 하니 그 자체가 희로애락까지 있는 거대한 생명체일 것 같다. 이 생명체의 무한한 힘을 슬기롭게 이용하는 조력발전소를 중심으로 부채처럼 펼쳐진 광활한 시화호에 저녁놀이 지고 있다.

다시 바닷가로 내려오니 절벽은 구름을 안고 넘어지려 하고 약수터에선 시원한 샘물을 꽐꽐 쏟아진다. 그 옆 바위 그늘에 널찍한 평상을 마련해 두었다. 행인의 말로는 평생 구봉도를 가꾸던 분이 바닷가를 더럽히지 말라고 이 평상을 만들었는데, 작년에 돌아가셔서 지금은 누구든지 먼저 차지하는 사람이 그날의 주인이란다.

이 해변에서도 고기를 굽고 술판이 벌어지고 있다. 불상이 모셔진 작은 동굴 등 해안가 모든 자연동굴마다 부서진 스티로폼이 가득 쌓여 있다. 바다는 이 평상처럼 먼저 차지하는 사람이 주인인가. 우리는 바다를 무조건 보전만 할 수는 없을 것 같고 시화조력발전소처럼 잘 이용해야 한다. 그러나 바다를 사랑으로 가꿀 줄은 모르고 천연기념물 '영흥도 서어나무숲' 이나 '농어머리' 해안처럼 이용만 하거나 파괴해도 되는 것일까. '바다 나그네' 는 소중한 이 바다와 해변을 온전히 우리 후손들에게 물려주지 못할 것 같아 발길이 무겁다.

아오모리青森 여행

사과꽃 향기 흩날리던 날

2010년 5월 21일, 흰 구름 한 점 없이 쾌청한 날 우리는 아오모리青森공항에 도착하였다. 전날까지 대엿새 계속 비가 왔단다. 공항에서 입국심사를 하는 동안 들려오는 '해변의 노래' 는 원인 모를 애상에 젖게 했다. 단아한 곡조를 따라 학창시절의 추억들이 밀려왔다. 대학졸업 30주년 기념여행으로 오랜만에 친구들이 함께 모였으니 비 온 뒤 맑은 하늘 대하듯 서로 반가웠다. 우리는 오월처럼 푸른 나이인 스무살 무렵에 입학동기로 만났다. 몸의 나이는 이미 오십을 훌쩍 넘었지만, 마음의 나이는 대학생 시절과 다름없었다. 아직은 모두 바쁜 현역 의사들이라 석가탄신일을 끼워 어렵게 만든 주말여행이었다.

공항에서 아오모리 시내로 가는 길옆에는 노란 야생화가 줄지어 피어 있었다. 자세히 보니 유채꽃보다는 작고 냉이 꽃보다는 큰 야생 무 종류였다. 사과의 고장답게 공항주변도 사과밭이었다. 상큼하게 불어오는 봄바람을 타고 사과꽃 향기가 흩날렸다. 들판이나 산비탈에 사과꽃이 만개한 과수원들이 꽃으로 수를 놓은 보자기처럼 펼쳐져 있었다. 마치 인상파화가들이 연분홍 물감을 덧칠하여, 붓 자국을 강하게 낸 그림 같기도 했다. 과수원들 사이에 모내기를 하고 있는 잘 정리된 논은 한국의 농촌과 비슷하였다. 북한의 신의주와 같은 위도여서 봄이 서울보다 한 달 정도 늦단다. 한국에서는 한 달 전에 지나간 봄을 다시 맞이한 기분이었다.

너도밤나무 원시림

산악지역으로 접어들자 연두 빛 물감을 뿌려놓은 듯 신록新綠의 세상이었다. 나풀대며 반짝거리는 어린잎들이 꽃보다 아름다웠다. 길은 그 숲속으로 난 터널이었다. 이곳은 세계자연유산으로 지정된, 시라카미白神 산지 주니코十二湖 호수 주변의 '너도밤나무숲' 이란다. 창 너머로 들어온 초록빛에 친구들 색안경도 초록색으로 물들었다. 버스는 산허리를 가로질러 끝 모를 신록의 속으로 달려갔다. 이번 여행을 위해 헌신적인 노력을 한 총무를 맡은 친구는 동반한 부인도 팽개치고 안내하랴, 가이드와 상의하랴 정신이 없었다.

계곡에는 쌓인 눈이 아직 다 녹지 않고, 시루떡처럼 켜켜이 쌓여 있었다. 눈의 고장답게 오월 하순인데도 눈 두께가 키를 넘었다. 버스는 멀리 보이는 눈 덮인 높은 봉우리를 중심으로 중허리를 감돌아 달렸다. 이 봉우리가 아오모리 현을 동서로 갈라놓고 있는 오우산맥의 중심인 핫코다산[八甲田山]이었다. 이 산맥에는 크고 작은 20여개의 칼데라호수가 있는데, 그 중에서 도와다十和田 호수가 가장 아름답다고 했다. 여기서 발원한 '오이라세계곡' 또한 세계자연유산이었다. 우리는 도와다 호수로 향했다.

모두들 눈, 산, 숲에 넋을 잃고 있는 동안 어느덧 도와다 호숫가에 도착하였다. 호수 옆 식당에서 이곳 특산별미라는 메밀국수를 맛보았다. 시장하던 차라 고추냉이로 매콤한 맛을 낸 메밀국수를 곱빼기로 먹어치웠다. 호숫가 등 이곳 어디에서나 눈 덮인 핫코다산을 볼 수 있었다. 호수에서 뱃놀이를 한 친구들은 물이 어찌나 맑고 깨끗한지 마음까지 씻겼단다.

껍질이 희끗희끗하게 얼룩진 너도밤나무는 이 호숫가도 뒤덮고 있었다. 이 나무는 이곳처럼 고도가 높을수록 키는 크지 않고 잔가지를 많이 친단다. 한국의 여러 섬에 자생하는 너도밤나무는 키가 아주 크다. 이름이 없던 이 나무가 한국에서 너도밤나무라는 이름을 얻게 된 사연이 있다. 이 나무가 많은 섬을 처음 방문했던 사람이 밤이 열린 이 나무를 보고 "너도 밤나무구나!" 하여 얻은 이름이 너도밤나무라고 한다.

온천욕

첫날 숙소인 고마키 아오모리아 호텔에 도착하여 저녁식사와 마주했다. 유카타浴衣를 입고 커다란 다다미방에 두 줄로 앉아 일본 정식을 한 상씩 받았다. 마치 일본 야쿠자들 모임 같았다. 음식 중에서도 일본 쇠고기(와규)로 만든 전골이 별미였다. 일본 술인 정종으로 흥을 돋운 후, 각자 돌아가며 지금까지 살아온 이야기를 했다.

잠들기 전 호텔 온천에 들렀더니, 미끄러운 물에 유황냄새가 코를 찔렀다. 이곳이 일본에서 가장 유명한 온천지역이란다. 한 친구가 친절하게 머리에 수건을 매는 방법부터 일본식 목욕 법을 설명해주었다. 미리 몸을 깨끗이 씻고 공동탕에 들어가야 하는 등 일본의 목욕문화는 배울 점이 많았다. 야외 온천탕에서 바라보이는 폭포 위 홍단풍나무는, 조명 속에 빛나는 밤이슬에 젖어 있었다. 노천탕은 무척 컸는데 특이하게도 가운데에다 갈대발을 쳐놓아 남탕과 여탕을 구분하였다.

잘 꾸며진 정원

이튿날 아침에 여행안내인 알려준 대로 호텔로비의 작은 문으로 나갔다. 나직하지만 또렷한 폭포소리를 따라 소나무들이 촘촘한 오솔길을 걸었다. 소나무들은 늘씬한 미녀의 다리처럼 하늘로 곧게 솟아 있었다. 길섶 철쭉나무 아래 아주 작은 꽃들이 빽빽한 길로 걸어갔다. 작은 연못 가운데 돌섬이 다소곳한 전형적 일본식정원이 나왔다.

정원 저택은 일본 자본주의 아버지로 불리는 시부사와 에이지(澁澤榮一, 1840~1931)의 것이었고, 가까이에 그의 신사神社도 있다고 했다. 그는 개화기 일본에 증권시장을 도입하는 등 일본 자본주의의 아버지로 불리는 등 당대의 영웅이란다. 구한말과 일제시대에 걸쳐 우리나라와 관련이 많은 사람이라니 그의 신사에도 꼭 가보고 싶었다.

소담하게 핀 튤립 꽃들이 입구에서 반기는 널찍한 호수가로 발길을 옮겼다. 아침 햇살을 받은 안개가 수면 위 먼 곳으로 도망가고 있었다. 호수 주변에는 배꽃이 흐드러지게 피어 있었다. 부지런한 친구들은 벌써 호수를 한 바퀴 돌고 왔단다. 꽃사과꽃, 황철쭉, 겹벚꽃이 만개한 호숫가 길을 걸어, 반대 편 음지쪽에 이르니 작은 꽃밭들이 줄지어 있었다. 현호색 종류인 괴불주머니, 흰색 꽃마리 밭을 지나 아주 귀한 꽃을 만났다. 한국에서는 요강꽃이라고도 불리는 난과의 복주머니난초였다. 부채 주름 같은 잎과 황금빛 주머니 같은 꽃이 핀 모습이, 한국의 천연기념물인 광릉요강꽃과 거의 같았다. 복주머니난초를 만나 복을 받은 것 같은 기분이었다.

커다란 일본식 대문 앞 벤치에 앉아 잠시 쉬었다. 흐드러지게 핀 황철쭉 너머로 우리가 묵고 있는 고마키아오모리아 호텔을 바라보았다. 멀리서 보니 이곳의 진면목이 드러났다. 철길 옆으로 고성古城을 끼고 있는 호텔의 모습이 흡사 동화 속 한 장면 같았다.

호수를 돌며 만났던 여러 친구들을 떠올려보았다. 사람도 멀리서 봐야 제대로 볼 수 있는 것일까. 학창시절 가까이 있을 때는 친구들의 장점을 잘 몰랐었다. 오랜만에 만나보니 성공한 친구들이 많았다. 생각해보니 성공한 친구들은 학창시절부터 그들만의 남다른 장점이 있었던 것 같았다. 벤치에서 일어나 아름다운 주변경치를 더 둘러보기로 했다.

퇴락한 영웅의 신사神社

진분홍 겹벚꽃이 화려하게 핀 곳이 눈길을 끌었다. 숙소에서 창밖 철길 옆으로 보이던 곳이었다. 철길을 따라 혼자 걸으며 노란 꽃양귀비, 보라색 무스카리꽃을 가지런히 심은 화단을 지나며 사진을 찍었다. 야생으로 자라 피었을 것 같은 앙증맞은 고깔제비꽃도 섞여 있었다. 일본에 왔으니 멀리 보이는 일본 신사를 찾아 구경해보기로 했다.

허물어져가는 목조건물인 신사의 북대문으로 들어가 계단을 올라갔다. 참배하는 이도 지키는 이도 없는 큰 규모의 신사였다. 족자에는 시부사와 에이치澁澤榮一의 신사라고 적혀 있었다. 방치되었는지 나무족자가 벽에서 떨어져 있었다. 그는 도쿠가와德川 집안의 쇼군將軍에게 인정을 받아 아오모리 현縣의 영주로 임명 받았다. 장사란 단순히 돈을 버는 것이어서는 안 되고, 덕德을 갖춘 장사꾼인 유상儒商을 강조했던 그는 '논어와 주판' 주인공이라 불리기도 한다. 그가 1901년에 경부철도주식회사 초대 사장으로 경부선을 부설하는 등 우리나라 침탈에 앞

장섰던 일을 떠올리니 묘한 전율이 느껴졌다.

반쯤 열린 신사의 문 앞에서 나는 들어가지 못하고 서성였다. 참배를 위해서는 신을 벗고 들어가야 하지만 나는 신발을 벗기 싫었다. 그냥 문 앞에 서서 안을 자세히 살펴보았다. 커다란 마루 가운데 위패位牌로 보이는 나무상자가 높은 상 위에 놓여 있었다. 그 앞을 천장에서 내려온 빛바랜 망사로 가려놓았다. 관리가 허술하고 퇴락한 모습이었다. 화려하게 단장하고 있는 그가 조성한 호수정원과 대비되었다. 그의 신사를 내려올 때 썩은 나무 계단에서 삐걱거리는 소리가 났다. 좀처럼 보기 힘든 일본의 허점을 보는 것 같았다.

정복욕에 불타 일본이 좁다며 소위 내선일체라는 명목으로 강제로 조선인들을 일본에 동화시키려 했던 이 신사의 주인공도, 세월 앞에서는 무력한 것인가. 어떤 목적이었는지는 모르나 그는 김옥균 선생과 돈독한 친분을 맺으려 애썼다. 갑신정변이 실패하자 망명한 김옥균 선생을 일본에 있는 동안 돌봐주기도 했다.

해변의 노래

다음날은 느긋하게 출발하여 아오모리시市와 삼각형 모양의 전망대, 해변, 백화점에 들렀다. 바다가 내륙으로 주머니모양으로 들어온 아오모리만은 낭만적인 해변으로 유명해서 아오모리 축제 때는 숱한 인파가 몰려든다고 했다. 이곳은 공항에서 들었던 타메쪼 나리타가

1918년 작곡한 〈해변의 노래〉의 배경이었다. 서정적이며 깊은 애수에 젖은 뉘앙스로 일본인에게 널리 사랑을 받고 있는 곡이다. 이 바닷가를 산책하고 있던 작곡자가 지난시절의 일과 친구들을 떠올리며 영감을 받아 작곡했다고 한다. 해변을 떠나며 나는 제멋에 겨워 참지 못하고 버스에서 마이크를 잡고 한국말 가사로 〈해변의 노래〉를 불렀다.

"이른 아침 바닷가를 걸어가노라면, 그리워라 지나간 날들 바다 위를 나르네. 밀리어 오는 그대, 사라지는 그대. 별빛 속에 반짝거리네, 파도 위에 춤추네."

나는 출발 전에 이번 여행을 혼자서 조용히 과거를 회상하고 자성하는 시간을 갖기로 마음먹었다. 잘 지키고 있던 나와의 약속은 그날 오전에 깨져버리고 말았다. 나는 '해변의 노래' 에 대한 자세한 설명을 하며 들떠버렸다. 오랜만에 맞이하는 친구들과의 즐거운 여행에 가만히 있지 못했다. 일본 지폐 천 엔 권에 초상이 있는 나쓰메 소세끼夏目漱石에 대한 이야기도 마치 내가 그인 양 신나게 했다.

그날 점심은 전통 일본식당에서 먹었다. 신발을 벗고 들어가 튀김과 회덮밥으로 했다. 옛날 일본집의 좁은 통로와 오래된 신발장에서 일본이 얼마나 전통을 잘 보존하는 나라인지 알 것 같았다. 후식으로 맛보는 일본 차 향이 그윽했다.

오이라세 게이류溪流

점심 식사 후 우리는 시원한 물소리, 짝을 찾는 무수한 새소리 등 자연의 소리로 가득 찬 깊은 숲 속으로 들어갔다. 휘파람새의 휘리릭… 노랫소리를 따라 폐 속으로 신선한 공기가 들어왔다. 들이쉬고만 싶고 내쉬기는 싫었다. 신비스런 오이라세 게이류에 온 것이었다. 힘이 넘치는 강물은 우거진 수목들 사이로 물보라를 일으키며 흘렀다.

숲은 단풍나무, 굴참나무 등 주로 활엽수였다. 간간히 전나무나 일본소나무 같은 침엽수도 하늘을 찌르게 높이 솟아 있었다. 쓰러진 거목은 계류를 막아 작은 폭포를 만들고, 흐드러지게 핀 철쭉꽃은 고개 숙여 인사하듯 흐르는 물에 '잠겼다 말았다' 를 반복하였다.

고목 속 썩은 곳에 자라는 꽃나무와 같은 색다른 것을 발견하면 서로 가보라 권하기도 했다. 아름다운 자연에 마음까지 동화된 것 같았다. 숙소로 가는 길이 멀다고 재촉하는 가이드를 소풍간 아이들처럼 졸라 경치 좋은 전망대에 오르기도 했다.

숙소인 오이라세 게이류호텔에 도착하자 무르익을 대로 익어 길어진 봄날도 저물었다. 호텔로비에 들어가자마자 금빛 조명이 용을 부조한 거대한 종과 다듬고 색칠한 거대한 고목뿌리를 비추고 있는 것이 인상적이었다. 깊은 숲속에 파묻힌 호텔이었다. 저녁 식사는 뷔페식이었는데 여러 가지 전통 일식요리를 즐길 수 있는 좋은 기회였다.

한 친구는 외손자를 봤다는 국제전화를 받고 맥주를 샀다. 죽엽메밀국수가 맛있다고 몇 그릇을 비우는 친구도 있었다. 일본 고사리인 코고미, 고추냉이 꽃, 가는 죽순細竹 등을 곁들인 일본식 채소접시가 구미에 당겼다. 식사 후에 한국식노래방에 들르기도 하고 온천욕도 했다. 이부자리는 처음 대하는 전통 일본식이었다. 일본식 만두인 만주 두 개가 탁자 위에 있었으나 먹지 않고 잤다. 종일토록 탐나는 것을 너무 많이 취한 것에 반성으로 먹지 않았다고 말하면 믿어줄 사람이 있을까?

일본의 뿌리는 한국

아침 일찍 룸메이트가 나를 깨웠다. 산중에 있다는 노천온천에 가보자고 했다. 작은 승합차를 타고 일본인 5명과 동승하여 15분 쯤 올라가니 산 중허리에 노천온천이 있었다. 진흙이 섞인 아주 뜨거운 물이 땅에서 솟는 탕부터 계단식으로 점차 온천수가 식은 탕이 차례로 몇 개 있었다. 이 온천은 일본인들이 가장 좋아하는 온천수의 하나라고 했다.

아침을 뷔페식으로 먹고 로비로 가는 길에 일본 민속공예품과 옛날 생활용품이 전시된 것을 보았다. 그 중에서 짚으로 만든 생활도구들에 눈길이 멈추었다. 삼태기, 바구니, 소쿠리, 다래끼, 새끼줄, 삼을 섞어 꼰 동아줄 등이 어릴 적 시골에서 쓰던 것과 조금도 차이가 없었다. 쟁기나 써레 등 농기구도 거의 같았다.

나는 일본말을 조금 안다. 아침朝을 아사로, 해日를 히로, 섬島을 시마로, 곰熊을 구마로, 절寺을 데라로, 대竹를 다께로, 위上에를 현재 경상도 사투리와 같은 우에로 말하는 등 한자어가 아닌 순수한 한국말과 일본말 사이에는 유사한 점이 정말 많다. 일본말로 수레를 구루마라고 한다. 말馬을 일본말로 마라고 하니 '구르는 말' 이란 뜻이다. 일본말 사무라이武士를 한국말로 풀이해보자. '사납다' 가 경상도 사투리로 '사무랍다' 이니 사무라이는 '사무란 이' 이다. 물론 여기에 대한 정확한 고증은 학자들 몫이다.

이와 같은 여러 이유로 나는 일본은 한반도 인이 이민 가서 세웠다고 생각한다. 물론 모든 일본인이 한반도 출신은 아니겠지만 한반도 출신이 주류일 성싶다. 마치 모든 미국인이 영국출신이 아닌 것과 같은 이치이다. 만약 이 의견에 반대하는 사람이 있다면 예를 하나 더 들고 싶다. 일본의 국기인 쓰모는 우리의 씨름이 변해서 된 말일 것 같다. 쓰모를 시작할 때 일본인들은 '하기요' 라고 외친다. 평안도 사투리로 '합시다' 가 바로 '하기요' 가 아니던가. 고구려 각저총벽화의 씨름선수와 현재의 쓰모선수 모습이 비슷하지 않은가.

아오모리의 야생화들

나는 새로운 곳에 가면 그곳의 식생植生을 나름대로 관찰하고 비교하는 습관이 있다. 시간 여유가 조금 있어 호텔 옆 강변으로 산책을 나갔다. 힘차게 흐르는 이 강물도 '오이라세 게이류' 의 하류였다. 소용돌이치는 강물은 차가운 아침 공기에 자욱한 물안개와 거친 물보라를 뿜

어냈다. 이곳의 식생은 한국과 같은 것이 많았다. 다만 제비꽃, 냉이, 복주머니난초 등이 크기가 조금 크거나 작고 색깔이 조금 달랐다.

커다란 우산처럼 지천으로 자라 손을 흔드는 머위 군락을 뒤로 하고 귀국하기 위해 호텔 앞에 다시 모였다. 기념촬영을 여러 번 했으나 총무는 마지막 순간까지 챙기고 계산하느라 안타깝게도 단체 사진 어디에도 없었다.

좋은 여행의 조건에는 여러 가지가 있겠지만 안내인도 한 요소일 것이다. 그 동안 안내인이 시리즈로 들려주던 이야기의 대단원을 내렸다. 특히 일본 황실의 러브스토리와 공주만 낳은 황태자비의 애환을 구성지게 이야기했다. 여성분들은 자신의 일인 양 탄식과 숨죽임으로 경청했다. 오월 말임에도 눈 덮인 핫코다산 기슭에서 두껍게 쌓인 눈 위를 스키를 타고 걷는 경치를 보면서 다시 아오모리공항으로 돌아왔다.

여행에서 얻는 것

산과 물을 사랑하는 것은 이로움만 있고 해로움이 없으며, 단정히 앉아 책을 읽는 것과 같다는 말이 있다. 이번 여행에서 우리는 여행객이 넘쳐나는 번잡한 곳을 피해 한가히 숲과 물에 묻혀 지냈다. 마치 깊은 숲 향기 속에서 책을 읽는 것 같은 여정이었다. 자식들이 다 자라서 떠난 후에도 친구는 변함없이 남아 있지 않을까. 오년 후에 다시 가기로 한 다음 여행이 벌써 기다려진다.

톨스토이는《사람은 무엇으로 사는가》라는 책에서 '사람은 사랑으로 산다' 라고 했다. 여기에 한 마디 덧붙이고 싶다. "사람은 추억을 만들기 위해서도 산다."라고 말하련다. 좋은 친구들과의 추억 속에는 사랑이 있기 때문이다. '부모 팔아 친구 산다' 이라는 말처럼 때로는 친구가 피를 나눈 지친보다 더 가까울 수 있다.

친구간의 이야기를 다룬 소설《마음》을 쓴 나쓰메 소세키夏目漱石는 일본의 셰익스피어라고 불린다. 이 소설에서 가까운 혈연으로부터 마음의 깊은 상처를 경험한 주인공은, 한 가난한 친구에게 진실한 인간애를 느끼고 그를 돕는다. 그러나 하숙집 딸을 사이에 둔 그 친구와의 애정경쟁에서 그를 따돌리고 그녀를 차지한다. 그 일로 친구가 죽음에 이르자 자신도 고민 끝에 자살하게 된다.

소 설《마음》은 '가까운 사람일수록 더 깊은 마음의 상처를 줄 수 있다' 는 걸 보여주고 있다. 아무리 좋은 사이라도 가까이 있으면 애증이 쌓일 수밖에 없을 성싶다. 물론 이런 이유로 아직 진정한 반성을 하지 않고 있는 일본을 용서한다는 뜻은 아니다. 일본의 옛 수도인 나라奈良는 한국말의 나라國家와 같다. 나라가 그곳에 있었다는 뜻이니, 한韓민족이 세운 나라가 일본이라는 것은 부인 못할 사실이 아닐까. 개인이나 국가나 가까울수록 더 배려하고 아껴야 할 것 같다.

나는 왜 글을 쓰는가

도봉산 인수봉 밑에서, 등단소감

산 밑에 살다가 보니 자연을 가까이 하게 되었다. 자연은 영원한 스승이라고 했던가. 자연은 내게 의연함과 망각에 의한 새 출발을 가르쳐준다. 아무리 춥거나 덥거나 시련이 있어도 계절은 가고 그에 따라 늘 새로운 출발이 있어왔다. 살면서 적지 않은 시행착오를 겪었더니 부족하나마 이제야 세상이 조금 보인다. 인간은 누구나 작던 크던 고통과 고민을 안고 살지 않을까. 우리의 인생에 대하여 소중함과 연민의 정을 느낀다. 이 소중함과 연민으로 나무, 돌, 풀 등 보잘것없는 것들을 다정스레 바라보고 싶다. 매순간 모든 존재를 가치 있게 생각하고 친절한 마음으로 살고 싶다.

세상은 부조리와 패러독스로 가득 차 있지만 다른 순기능이 더 많아서 상관없이 흘러간다. 거짓을 참이라고 한다. 그것도 아주 거대한 힘으로……. 참을 위해 본능적으로 저항도 해보지만, 귀중한 내 생을 이들과 싸우는데 보낼 수는 없다. 부조리는 세상에 가득하다. 인간의 존재 자체가 모순이라는 말도 있다. 영겁의 시간 흐름에 비하면 한 인간은 거역할 수 없는 나약한 존재이다. 카프카가 한대로 한 발자국 물러나 모순을 글로 쓰고 즐기자! 화성법에 맞지 않는 의도적인 불협화음의 음악도 많지 않은가?

글을 쓴다는 의미는 궁극적으로 자신의 인생 전체를 충실하게 살겠다는 뜻이라고 한다. 글쓰기는 나를 가장 잘 이해해주고, 내 이야기를 들어준다. 누구도 내 속을 관통하고 있는 것이 무엇인지 모른다. 나 자신도 나를 다 모를 것이다. 글쓰기는 진실에 도전하는 것이라고 한다. 벌거벗은 자만이 진실을 쓸 수 있다고도 한다. 자신에게라도 솔직할 수 있으면 성공한 것이 아닐까. 진실에 이르지 못해도 글쓰기를 통해 끊임없이 자신을 돌아볼 수 있는 것만으로도 만족한다.

평 론

●

시 – 옛 집 앞

작품론

신종찬 수필의 다원적 텍스트–한상렬

들쭉날쭉한 세상에서 글쓰기 –임헌영

옛 집 앞

그리워 옛집 앞
안개 속에 다시 가니
간밤 취기는
아침 목욕 온기로 더욱 몽롱하다.

대문 위 능소화
꽃 지고 잎만 무성한데
석류꽃 붉게 피어 옛사람을 반긴다.

담 안 늙은 감나무
기다림으로 붉게 익은 탐스러운 감
휘어진 한 가지는
옛 주인 그리며 창문을 기웃거리고

작은 발자국 소리에도
문 열고 반길 것 같은
그 사람은 지금 어디에 계시나

| 작품론 |

신종찬 수필의 다원적 텍스트
-정서의 지성화 혹은 지성의 정서화

한 상 렬 /*문학평론가*

1. 들어가기

한국수필의 전형은 미상불 서정수필이었다. 전통적인 수필이 그러하였듯, 우리 문학의 원류는 통한痛恨의 문학이었다. 개인적이든 사회적이든 인간의 감성을 표출하기 위해 자연스레 서정적인 풍토 안에서 작품은 창작되어 왔다. 그래 수필문학의 주류는 어쩌면 서정적이었다 하겠다. 소재상 삶의 일상을 모티브로 하는 수필은 일상성 이상의 것을 추구하기에는 애초 무리가 있었을 것이다. 이는 수필이 인간을 중심으로 전개되는 '인간학' 이라는 점과 맥을 같이 한다. 이 점은 수필의 특성이자 취약점이기도 하였다. 알베레스의 언명과 같이 '정서적 이미지와 지성적 이미지 그리고 신비적 이미지' 를 통괄하는 수필이 서정성에 지나치게 경도되어 왔다는 사실은 수필창작에서 간과하지 않을 수 없는 걸림돌이기도 했다.

이런 주류성에서도 고대로부터 인간의 문제에 천착하며 일상을 철학화하는 지성적 수필이 창작되어 온 것도 사실이었다. 특히 현대화 과정에서 여러 부류의 직업군은 그 직업에 종사하는 이들에게 인간의 문제에 대한 깊은 성찰과 관계 개선을 위한 문제에 관심을 기울이게 하였다. 60년대 이전의 우리 수필의 주류를 본격수필가가 아닌 직업상 특수층에 의해 주도되어 왔던 것도 이런 맥락에서 파악된다.

신종찬의 수필 역시 그러하다. 그는 소아과 전문의이다. 이런 작가의 경우에는 일반적으로 그 소재의 취택에 있어 자유롭기 마련이다. 일상적 삶을 살아가는 생활인에 직업적 특수성에서 오는 낯선 사물에 대한 통찰이 수필문학의 진정성을 갖게 할 충분조건이기 때문이다. 그는 수필문단에 낯선 작가이다. 하지만 그의 작품 몇 편만 읽어도 그만의 색깔을 지니고 자기 얼굴 그리기에 충실한 작가임을 대번에 감지하게 한다. 여기 직업적 특수성은 서정보다는 지성에 흐를 것이라 예단케 한다. 하지만 그의 작품은 그런 긴장과 염려를 불식하게 한다.

한 마디로 그의 수필은 정서의 지성화, 지성의 정서화에 이르고 있다. 이는 그의 수필이 지닌 다원적 텍스트의 모습으로 볼 수 있겠다. 의창醫窓수필이라는 범주에 들면서도 그런 냄새를 최대한 불식한 작가정신이 읽는 이를 긴장에서 놓여나게 한다. 이 경우 항용 지나친 지성화로 인해

수필의 문학성과 멀어지는 경우가 없지 않은 것도 사실이다.

신종찬의 다원적 텍스트는 독자에게 깊이 있는 사고와 상상을 가능케 한다. 몇 편의 수필에서 이런 다원적 텍스트의 양상을 보여준다면 분명 그는 특별한 작가일 수 있다. 그의 수필은 독자로 하여금 생활 주변의 이야기에서 의창으로 본 화제는 물론이요, 독서라는 텍스트에 다시 주목하게 한다. 하여 그의 수필은 서정적인가하면 서사적이요, 상상을 초월하는 신비적 이미지와 아울러 지성을 갖춘 비평적 수필의 경향까지 넘나들고 있다. 여기서 그의 다원적 텍스트의 경향은 구조주의적 철학이란 함의와 아울러 언어가 지닌 기의와 기표의 깊이 있음을 의미한다. 무엇보다 수필의 문학화는 사물의 재현을 통해 그 내재한 의미를 찾는 작업, 상투적 일상일지라도 그 언술이 내포하고 있는 의미화를 통해 독자에게 텍스트의 즐거움을 주는 작업에 있을 것이다.

프랑스의 구조주의 철학자이며 비평가였던 롤랑 바르트Roland Barthes의 중심 주제는 재현representation의 상투성에 관한 것이었다. 그는 문학을 "사물의 의미 전달이 아니라 의미화"라고 정의하였다. 이는 '시학'을 '메시지의 틀' 이라고 한 로만 야콥슨Roman Jakobson의 언명을 연상하게 한다. 하지만, 바르트에 의하면, 작가가 저지를 수 있는 최악의 죄는 "언어는 자연스럽고 명료한 매개체여서 이를 통해 독자가 확고하고 통일된 '진실' 이나 '리얼리티' 를 파악할 수 있는 것처럼 가장假裝한다는 것."이었다. 그에게 있어 노련한 작가는 글쓰기를 유희처럼 즐기는 사람이었다. 말하자면 언어의 기표와 기의를 진실한 파트너라고 주장하여 언술discourse로 하여금 하나의 의미를 산출하도록 억압하였다. 그래 전위작가들은 언어가 가진 무의식적인 측면이 표면에 떠오르도록 허용하는 사람으로 보았다. 그들은 기표가 임의로 의미를 생성하도록 하여 하나의 고정된 의미만을 주장하는 '기의' 의 억압에 도전하였다.

바르트는 《기호학의 요소들》(1967)에서 자신의 언어를 제1차 대상 언어에 작용하는 제2차 언어로 보아 '메타언어' 라 지칭하였다. 비평가로서 독서를 할 때 우리는 결코 언술을 벗어날 수 없으며, 의미탐색의 독서에서도 확고한 위치를 차지할 수 없다는 것이었다. 비평과 해석을 포함한 혜안이었다. 대표작 〈저자의 죽음〉(1968)에서는 저자가 텍스트의 근원이고 그 의미의 원천이며, 유일한 해석의 권위자라는 전통적 견해를 부정하기도 하였다. 동시에 텍스트의 통일성이란 저자의 의도가 아닌 그 구조 속에 들어 있는 것으로 보아 '내재적 통일성' 이란 저자와의 은밀한 관계로 보고 있다. 한 마디로 독자가 기의에 개의치 않고 자유롭게 의미 형성을 열고 닫을 수 있다고 생각했다. 그러므로 독자들은 텍스트를 의미 체계와 연결시킬 수도 있고, 저자의 의도를 무시할 수도 있다고 보고 있다. 한편 《텍스트의 즐거움》(1975)에서 그는 '즐거움' 을 두 가지로 대별하고 있다. 하나는 관능적 쾌락이요, 다른 하나는 정신적 희열이었다. 그리하여 "위대한 서사적 쾌감을 창조하는 것은, 바로 읽는 것과 읽지 않은 것의 리듬이다."라고 했다.

신종찬의 수필을 음미하노라면 자연스레 롤랑 바르트의 구조적 입장을 상정하게 한다. 이런 기호학적 발상은 그의 수필이 정서적이면서 지성적이라는 데에 착목하게 한다. 이제 그의 수필이 지닌 정서의 지성화 혹은 지성의 정서화의 양태를 살펴보고자 한다.

2. 정서의 지성화

신종찬의 수필 〈설선雪線〉은 작가의 정서적 감성이 유려한 문체로 지성화된 작품이다. 자연과학을 전공한 작가의 언어적 감각에 탄성이 나온다. 이렇게 수필문학은 정서를 본질로 하는 인간화, 지성화가 그 관건일 것이다. 탁월한 창작적 기법은 그의 수필이 정서에만 탐닉하지 않고 이를 지성화함으로써 의미화의 수순을 밟고 있다는 데에 있다.

수필에서의 지성화란 어디까지나 자기감정의 순화요, 승화 작용일 것이다. 이런 정서의 객관화는 자기 해석이요, 자기 이해일 수도 있다. 때문에, 그 지성화의 작업이 여의치 못할 때는 자기 몰입이나 흥분에 사로잡혀 문장은 관념이나 추상에 붙들리게 된다. 넋두리가 되고, 감상感傷 일변도의 잡문이 되는 것도 예외 없이 그 정서를 과장되게 처리하는 추상성에 원인이 있을 것이다.

3월 아침 출근길이다. 우수를 지난 봄비가 중랑천을 둑까지 가득 채워 마음이 풍성하다. 차창을 조금 열자 폭포소리가 쏴하며 밀려들어온다. 파들파들 돋아난 냇가 풀들은 연초록 옷감을 펼쳐 놓은 것 같다. 담 밑의 원추리도 노란 새촉이로 접은 새싹을 내밀고 있다. 어제 내린 비를 따라 봄이 성큼 다가 왔나 보다. 고개를 드니 차창 너머 멋진 경치가 들어온다. 천하명산 북한산에 일필휘지 한 획 큰 붓 휘두른 이 누구인가. 아름다운 산허리에 봄눈이 만든 통쾌한 설선雪線이 한눈에 들어온다. 장군봉, 인수봉, 백운대, 만경대, 노적봉에 이르기까지 산맥을 따라 금 은빛과 흑백으로 파노라마가 펼쳐져 있다.

–〈북한산의 설선〉에서

차창 너머로 보이는 북한산의 설선에 작가의 시선이 놓여있다. 낯익은 풍경을 낯설게 보고 있는 이 대목은 서정이 농염하다. "예상치 못한 반가움"에 그는 출근하자마자 옥상으로 올라간다. 장엄한 자연경관에 대한 놀라움과 반가움이 화자로 하여금 마음과 카메라에 담게 한다. 서사적 과정의 자연스런 수순이다. 문제는 그의 언어의 미적 감각에 있다.

설선은 팽팽하던 거문고 줄 하나 쨍하고 끊어져 산허리를 길게 휘감은 것 같다. 설선 위로 펼쳐진 푸르도록 흰 북한산 봉우리들은 신선들의 휼날리는 청포青布자락 같기도 하고, 백의민족 여인들의 열두 폭 옥양목 치마 같기도 하다. 질서 있게 높이와 크기가 순서대로 나란히 솟은 다섯 봉우리 오형제봉. 그 위에 쌓인 눈은 겨우내 땅속에 묻어 두었던 조선무 모양이다. 맛있는 윗부분만 자르면 상큼하고 알싸한 무 냄새가 날 것만 같다. 나란히 솟은 인수봉과 최고봉 백운대에는 띠처럼 둥근 구름까지 드리워 있다. 마치 함부로 넘봐서는 안 된다며 정성스럽게 가린 젊은 여인의 비밀스러운 젖가슴 같기도 하다.

–〈북한산의 설선〉에서

현상에 대한 관찰이 아니다. 대상에 대한 통찰은 메타포를 이용하여 무한대의 상상으로 이어진다. "거문고 줄 하나 쨍하고 끊어진 산허리를 휘감은 것 같다.", "청포 자락 같기도 하고, 백의민족 여인들의 열두 폭 옥양목 치마 같기도 하다.", 오형제봉은 "조선무 모양이다.", "젊은 여인의 비밀스러운 젖가슴 같기도 하다." 이렇게 상상의 메타포는 서정적 이미지에서 신비적 이미지로 너울너울 춤을 추고 있다. 통섭統攝적 처리이다. "높은 산에서 눈이 녹지 아니하는 부분과 녹는 부분의 경계가 설선이다. 과학적으로는 적설량과 융해량이 서로 같은 지점을 연결한 선이다." 이런 자연과학적 지식이 인문과학과 만나 이종결합하는 묘체. 만일 이 수필이 여기서 해후邂逅되었더라면 그 의미는 반감되었으리라.

설선의 발견은 화자에게 있어 충격이요, 의미화의 단초다. "아직 여기까지는 초목들에게 봄을 허용하지 않는다. 눈을 더 맞고 추운 바람을 더 견뎌야 한다. 생고생을 시키려는 뜻이 아니고, 참고 견뎌야 찬란하고 더 향기로운 봄을 맞이할 수 있다. 자연을 포함하여 만물에는 한계와 절제가 필요하다고 큰 선을 긋지 않았을까."라는 자각은 현상을 통찰한 해석의 대목일 것이다. 이 수필은 여기서 마무리되지 않고 자아성찰이라는 수필 본연의 모습으로 귀환한다. "의사로서 나는 매일 한계와 씨름하고 있다."는 자각은 대상을 통한 자기화요, 존재 규명이라는 수필의 본령으로의 다가감 일 것이다. 곧 절제와 한계다. "해마다 북한산에 설선이 그어지고 그 때마다 나는 또 내게 그어진 한계가 무엇인지 성찰했으면 좋겠다."가 설득력을 얻게 하는 대목이다. 무리 없는 서정의 지성화이다. 수필 〈설선〉이 보여주는 지성화는 정서를 집약하고 구체화하여 객관성을 유지하는데 있다. 언어의 기의와 기표가 갖는 언표장으로서의 해석과 담론의 구조화가 문장 속에 희석되어 주제 의식이 유현幽玄하게 나타나 있다.

오늘은 우수雨水다. 봄비 대신 따스한 햇살이 쏟아진다. 아파트 벽에 부딪친 햇빛 알갱이들. 창 너머 텃밭을 바라본다. 유난히 춥던 올겨울. 켜켜이 쌓여 있었던 눈이 어느새 온데간데없다. 눈 녹은 땅은 처녀지이다. 발자국 하나 없어서이다. 새 땅을 밟으며 부지런히 거름을 깔던 농부는 허리를 펴고 짚으로 감싼 감나무 가지를 만져본다. 부드럽게 휘어지는 가지를 확인하고 다시 거름을 깐다. 죽은 가지는 휘어질 수 없고 부러질 것이다. 휘어질 수 있다는 것은 '살아 있음' 의 증거이고 여유이다. 나는 오늘도 이 공터 덕분에 자연을 즐기며 삶의 여유 한 조각을 맛본다.

–〈공터의 주인들〉에서

위의 수필 〈공터의 주인들〉 역시 정서적 분위기의 서두로 출발하고 있다. "나는 오늘도 이 공터 덕분에 자연을 즐기며 삶의 여유 한 조각을 맛본다."는 서두의 선언적 어구가 거슬리긴 하지만 양괄식 구성을 택한 이유라 위로한다. 공간적 배경은 진료실 창 너머 이른바 '상가 앞 공터' 다. '알 박기' 로 인해 우연히 생긴 그 공터가 화자에게는 천만다행하다. 작가적 발상이다.

화제는 이 공터에 대한 화자의 남다른 애정일 것이다. 이른바 장소애, 토포필리아Topophhilia이다. 이는 그리스어로 장소를 뜻하는 'topos' 와 '병적 애호' 를 뜻하는 'philia' 의 합성어로 장소애, 공간애의 의미를 함축하고 있다. 인간 존재가 모든 물질적 환경과 맺는 정서적 유대와 결속을 의미하는 이론으로 이미 이어령이 김소월의 시 「강변 살자」를 통해 그의 시가 갖는 공간성의 중요성을 밝힌 바 있다.

눈 내린 겨울날이면 밭고랑은 순백의 천으로 지상의 허물을 덮는다. 눈 따라 내 마음도 한 해의 허물을 덮고 싶어진다. 눈 온 다음 날 창너머 들어오는 은은한 반사광은 마음을 온화하고 평화롭게 한다. 이 서정적 선물은 창 너머에 넓은 공간을 갖는 사람만이 갖는 겨울철 특권이 아닐까.

–〈공터의 주인들〉에서

화자에게는 이 공터가 더할 나위 없이 소중하다. "사방이 시멘트벽으로 둘러싸인 아파트단지 내에서 이 채마밭 300여 평이 있으니 자연의 변화를 늘 감상할 수 있어서이다. 때 맞추어 씨 뿌리고 거름 주며 김매고 가꾸어 수확하는 알뜰한 일련의 과정을 보면서 땀 흘려 일하는 가치 또한 느낄 수 있다." 이런 공간애의 정서가 전편에 녹아 있다. 진료를 하는 의사에게 있어 이런 마음의 여유를 가질 수 있다는 것은 행복한 일이 아닐 수 없다. 공간애Topophilia와 아울러 생명애Biophilia를 느끼게 한다. 이런 화제의 사물에 대한 태도는 나아가 네오필리아Neophilia 즉 문학에 이르는 창조애에 닿아 있다. 정서의 지성화는 여기 자연스럽게 이루어진다. "이 공터는 고층 아파트들의 밀림 속에서 숨통을 틔워주는 소중한 공간이다. 인간의 삶에서도 이런 빈 공간이 꼭 필요하지 않을까. 우리는 흔히 "마음을 비운다."고 한다. 그 목적은 비움 자체가 목표일 수도 있겠지만, 살면서 놓치기 아까운 것들을 채우기 위한 것일 수도 있다. 공터는 자연으로 채워진 '내 마음의 여유 공간' 이다."라는 해석은 "이 공터의 법적 소유주가 누구든 간에 나도 정서적 주인 중의 하나라고 주장하고 싶다."는 의미화로 귀결된다.

3. 지성의 정서화

수필은 개성을 위주로 하되 어디까지나 대우對偶적인 문학이다. 다시 말하면, 명제는 작자의 것이로되 결론은 작자 혼자만의 것일 수 없다는 동화 현상, 즉 공감이나 감동의 동질화 현상이 유지되어야 한다.

지성이 독주하면 명제는 빛이 나고 주제의식은 분명해질지 모르나, 독자와의 대우적 관계를 유지해주는 정서의 흐름은 막히고 끊길 위험이 있다. 진리의 구상학具象學인 장편문학인 소설에서는 때로 지성의 독주가 용허되지만, 오직 진실 하나만의 형상학形象學이어야 하는 단편문학인 수필에서는 그럴 수가 없다. 결국 지성의 정서화는, 소재 보다는 주제가 선결된 작품에서 요구되는 문체로서, 문학의 2대 기능 중의 하나인 지나친 교시성教示性을 극복하기 위한 가장 이상적인 방법이라고 할 수 있다.다시 말하건데 신종찬은 소아과 전문의이다. 이런 직업적 특성은 자연 창작에 있어 모티브를 진료에서 찾게됨이 당연하다. 그의 창작 경향의 일군은 바로 의창수필이다. 하지만 그의 수필이 그저 진료과정에서 일어날 수 있는 에피소드만을 주조로 하지 않는다. 앞서의 다원적 텍스트에서 밝힌 바 있듯 그의 수필의 행로는 다기다양하다.

자연과학에 인문과학을 통섭하는 화자의 시선은 사뭇 열려 있다. 이 경우 수필이 지성화에 흐를 염려는 다분하다. 하지만 그의 수필은 지성의 정서화에 있다.

"원장님 큰일 났어요! 빨리요!"

급히 대기실로 가보니 할머니 한 분이 신음소리를 내며 대기실 소파에 쓰러져 있었다. 기침이 심하니 주변 사람들이 피하였다. 섭씨 39도를 넘는 열로 몸은 사시나무처럼 떨고 있었다. 낯익은 얼굴이건만 지쳐 있으니 낯

섧게 보였다. 수액을 맞혀야 할 것 같아 진찰실 대신 곧바로 수액주사실로 옮겨 진찰을 했다. 신종독감이 의심되었다. 마땅한 조치를 취하고 다른 환자를 보고 있는데 정맥주사가 안 된다고 나를 다시 불렀다. 정맥을 찾아 촉진하니 고령으로 굳어 고무줄처럼 딱딱한데다 고열로 바짝 수축하였다. 이럴 땐 맘속으로 "으라 차!"하고 주사바늘의 속도를 내어 단번에 찔러야 굳은 혈관이 도망가지 않는다. 단순한 방법이지만 고령 환자 정맥주사를 성공 시키는 나의 '비장의 무기' 이다.

–〈비장의 무기〉에서

서두의 부분은 '비장의 무기' 를 열기 위한 단서에 해당한다. 주요한 모티브는 "할머니가 고혈압 때문에 주기적으로 내게 오실 때면 늘 파티에라도 참석할 듯이 잘 차려 입으셨다. 나이 들었어도 자신의 모습을 아름답게 꾸밀 줄 아는 분이셨다."는 데 있다. 노령사회의 성문제를 이끌어내기 위한 복선일 것이다. "대학병원에서 보내온 회신소견서에 따르면 할머니의 정신과적인 문제는 상실감으로 인한 우울증을 겪고 있었다. 그로 인해 환청과 환시가 있다고 했다. 많은 것을 잃으면서 늘그막에 얻은 새로운 배우자의 죽음을 경험했기 때문에 우울증을 겪지 않았을까."라는 화자의 상상은 전통적 가치관과 충돌하는 현대사회의 단면에 메스를 가하고 있다.

이런 현실비판의 태도는 그 해결책으로 '면환免鰥' 을 제시하고 있다.

"환鰥이란 물고기가 잠들지 못하고 뜬눈으로 지낸다는 뜻이다. 뜬눈으로 밤을 지새는 노년의 외로움은 같은 노인이 가장 잘 이해할 것이다. 홀아버님의 외로움을 면환하자면 고마운 상대역인 홀어머님이 꼭 필요할 것이다. 오직 여성에게만 노년에 재혼하였다고 부정적 시각으로 보는 현실이 안타깝다." 이는 이 작품의 의미화로 지성의 정서화일 것이다. 이처럼 작가의 다원적 텍스트는 독자에게 읽는 재미를 더하게 한다. 정서일변도의 수필작법에 지성을 겸비하려는 작법으로 보아야 할 것이다.

작가는 서울의 시골의사이다. 카프카의 〈시골의사〉를 인유引喩한 이 수필은 '꿈의 바보짓' 에 빗대고 있다. '생의 기괴한 그림자놀이' , 어쩌면 의사인 자신의 행위에 대한 이런 반영은 세상을 바라보는 최상의 것을 추구하고자 하는 그만의 얼굴일 것이다. 무릇 모든 예술이 그런 낯설고도 기괴한 뒤집어보기나 장벽을 허무는 크로스오버에서 기인함을 그는 웅변으로 말하고 있다. 이런 지성적 관념은 웅변이나 해설로는 설득력을 잃을 염려가 없지 않다. 이를 간파한 작가는 여기서 지성의 정서화로 진입한다.

오른손에 흡입제를 들고 왼팔로 구부러진 할머님의 등을 감싸며 차근히 설명을 하지만 잘 따라하지 못한다.

"어려우세요? 할머님!"

"깊이 숨을 쉬시고 열 셀 동안 숨을 참으셨다 내쉬세요."

“고개를 약간 숙여야 숨이 잘 쉬어집니다.”

“이걸 배우셔야 숨차지 않습니다. 어렵다 생각하지 마시고 천천히 절 따라하세요!”

안타까운 내 목소리는 점점 커져 접수실과 대기실에 울려 퍼진다.

—〈시골의사〉에서

하지만 텍스트 자체가 보여주듯 그의 다원적 텍스트는 ‘작품 읽기’라는 감상적 차원에서의 비정批正의 모습을 보여준다. 작가의 논리적이며 분석적인 글쓰기일 것이다.

카프카의 시골의사는 고뇌한다. 세상에 공짜는 없었다. 왕진으로 쓸 말이 없으니 시골의사에게 말을 대주는 것은 참으로 고마운 일이나 불한당 같은 말 주인은 하녀(로자)의 정절을 요구했다. 공의로서 역할에 충실하지 못하더라도 가련한 하녀의 보호자로서 충실한 역할을 하는 것이 더 인간적이 아닐까? 한 사람을 구하기 위해 다른 선량한 한 사람을 보호하지 못해도 되는 것인가? 오늘날 한국의 의사도 자신의 의지나 옳고 그름에 관계없이 마치 시골공의가 빌린 말이 주인의 신호에 따라 왕진 환자의 집에 실려 도착하는 것처럼 강제지정 의료보험이라는 말에 실려 가게 되어 있다.

—〈시골의사〉에서

이는 하이데거 철학의 주류를 이루는 존재사태Ereignis와 본래성Eigenlikeit 개념에 새겨진 'eigen' 이라는 어근 즉 '진실' 을 의미하겠다. 진실로서의 진실은 멀리 있는 게 아니다. 누구에게나 진실의 편린들이 기억 어딘가에 묻혀 있겠지만 세파에 매몰되어 본래성을 망각한 사람들에게 진실의 문은 굳게 잠겨 있다. 그래서 그들에게 진실은 가깝지만 가장 먼 곳에 감춰져 있다. 작품을 읽어내는 작가의 진실이 여기 담겨 있다. 이런 지성화는 정서적 바탕 위에서 더욱 빛을 발하기 마련이다. "눈보라 치는 벌판에 나동그라진 카프카의 시골의사선생님! 힘이 드시더라도 온 힘을 다해 진료실로 돌아오셔야 합니다."라는 화자의 언술은 정서화의 깃발일 것이다.

수필 〈거품에 깃든 꿈〉 역시 같은 맥락에서 파악된다. 이 수필은 생맥주의 거품에서 착안하여 삶의 의미를 지성화하고 있다. 화자의 목소리는 이 작품에서도 다분히 지성적이다. "거품은 실속 없는 허상일 수도 있지만 이루고 싶은 간절한 소망을 담고 있는 꿈일 수도 있다. 사람이 현실만 보고 산다면 너무나 메마른 삶일 것이다. 거품이 있기에 여유와 낭만이 있을 수도 있고, 조금 잘못되어도 일을 그르치지 않을 수 있다. 거품은 삶의 윤활유 같은 것이다."라는 거품에 대한 해석은 지성적이지만 이런 해석을 유추해내기 위해 작가는 "멋진 거품이라면 먼저 여름 바닷가가 생각난다. 바위에 부딪친 파도는 밤하늘의 은하수보다 더 많은 알갱이로 부서져 포말로 나뒹군다. 창밖이 보이는 카페에서 음악의 리듬처럼 김이 서리는 카푸치노 거품은 지루한 장마를 달래준다."는 정서적 상상을 끌어내고 있다. 이런 문학적 상상이야말로 수필의 문학화에 윤활유일 것이다.

4. 나가면서

지금까지 신종찬의 대표 수필을 중심으로 그의 수필세계의 단면을 고구하고자 하였다. 그 결과 그의 수필의 지평은 롤랑 바르트의 구조적 입장과 기호학적 발상이 엿보인다는 사실에 착목하게 하였다. 그리하여 그의 수필이 정서적이면서 지성적이라는 데에서 본격수필의 가능성을 찾을 수 있었다. 그의 수필적 얼굴 그리기의 단면일 것이다. 하여 필자는 그의 수필의 경향을 정서의 지성화 혹은 지성의 정서화의 양태로 보아 그의 다원적 텍스트가 단편적이나마 본격수필의 지평을 열고 있다고 판단하였다. 아직 문단 경력이 일천한 작가이지만 그의 행보의 보폭이 힘차리라 생각한다. 그의 미래가 주목되는 이유는 이런 데 있을 것이다. 힘찬 도약을 기대한다.*

들쭉날쭉한 세상에서 글쓰기
– 신종찬의 수필세계

임 헌 영 /*문학평론가*

1. 충만한 삶을 위한 도전

의사 수필가 신종찬은 〈나는 왜 글을 쓰는가〉에서 자신의 문학 창작의 근원을 세 가지 범주로 접근한다.

첫째는 "자연은 영원한 스승"이라는 문학예술론의 근저根底를 거론하며, 둘째는 "부조리와 패러독스로 가득 차" 있는 현실에 대한 비판의식을 드러낸다. 이렇게 말하면 자칫 이 작가가 현실비판의 수필가인가 여기겠지만 그런 역사의식의 개념과는 달리 일상생활적인 반항의식 내지 날카로운 비판정신의 발로라고 정의할 수 있을 것이다. 작가는 이렇게 말한다.

거짓을 참이라고 한다. 그것도 아주 거대한 힘으로……. 참을 위해

본능적으로 저항도 해보지만, 귀중한 내 생을 이들과 싸우는데 보낼 수는 없다. 부조리는 세상에 가득하다. 인간의 존재 자체가 모순이라는 말도 있다. 영겁의 시간 흐름에 비하면 한 인간은 거역할 수 없는 나약한 존재이다.

〈나는 왜 글을 쓰는가〉

여기서 거짓을 '참' 이라고 우기는 '거대한 힘' 은 구체화되지 않지만, 작가는 이를 위해 고발적인 글을 쓰기보다는 "카프카가 한 대로 한 발자국 물러나 모순을 글로 쓰고 즐기자! 화성법에 맞지 않는 의도적인 불협화음의 음악도 많지 않은가?" 라고 예술의 영토 속으로 영혼의 주거지를 이전하는 입장을 취한다.

바로 이 작가가 선택하는 예술론의 세 번째 명제는 "인생 전체를 충실하게 살겠다" 는 소시민의식으로의 회귀이다. 결국 앞의 두 가지는 이 세 번째의 요소를 보다 선명하게 부각시키기 위한 논리적인 수순인 셈이다. 그러니 신종찬 작가에게 글쓰기란 이렇게 요약된다.

글을 쓴다는 의미는 궁극적으로 자신의 인생 전체를 충실하게 살겠다는 뜻이라고 한다. 글쓰기는 나를 가장 잘 이해해주고, 내 이야기를 들어준다. 누구도 내 속을 관통하고 있는 것이 무엇인지 모른다. 나 자신도 나를 다 모를 것이다. 글쓰기는 진실에 도전하는 것이라고 한다. 벌거벗은 자만이 진실을 쓸 수 있다고도 한다. 자신에게라도 솔직할 수 있으면 성공한 것이 아닐까. 진실에 이르지 못해도 글쓰기를 통해 끊임없이 자신을 돌아볼 수 있는 것만으로도 만족한다.

〈나는 왜 글을 쓰는가〉

유서 깊은 유학파가 지배하는 고장에서 성장한 신종찬 작가는 소아과청소년과전문의라는 영역에만 삶을 정착시키기에는 그 포부가 안 차서 일찌감치 삶의 궁극을 향한 문학의 성벽에 도전했다. 그가 추구하는 문학이란 진실에 다가서면서 참된 자아를 실현해 나가는 과정이자 목적인 셈이다.

이 세가지를 재정립하면 신종찬 작가는 진실한 자아 탐구를 그 목표로 삼아 그 추구방법론으로는 자연을 통한 자아 찾기와, 모순과 부조리로 얼룩진 현실적인 삶 속에서 부단히 비판하는 자세 속에서 참된 주체를 형성해 나가는 두 가지를 채택하고 있다. 자연이든 사회적인 소재든 이 작가에게는 그 담론 형태에 상관없이 그 궁극은 진실 된 자아 형성으로 나아가고 있다는 뜻이다. 요컨대 신종찬 작가에게 문학이란 의학과 더불어 충만한 삶을 위한 또 하나의 도전일 것이다.

2. 삶이란 한계선 넘나들기

이상적인 자아란 어떤 모습일까. 세속적으로 말하면 출세한 신분이겠는데, 이게 미학적인 세례를 받게 되면 '참된 자아' 로 표현된다. 그

참된 자아란 이 작가의 상징을 빌리면 미스킴 라일락 같은 경우라고나 할까. 그 내력을 작가는 이렇게 풀이한다.

들풀들 중에 꽃이 예쁘면 야생화로 분류되어 인간 곁에서 사랑받을 수도 있다. 십 수 년 전에 미국의 듀크대학 동양식물원에 갔을 때 한국이 원산지인 몇 가지 식물들이 아주 귀한 대접을 받고 있었다. 그 중에서 세계에서 제일 작고 향기가 빼어나다는 미스킴라일락은 한국의 도봉산이 원산지라 적혀 있어 무척 반가웠다. 귀국하여 도봉산에 올랐을 때 이 꽃이 인수봉 아래에 자생하는 것을 직접 확인하였다. 이렇게 소중한 우리 꽃을 놔두고 왜 한국의 정원에서는 주로 키 큰 외국종 라일락만 자라고 있을까.

〈겨울 들풀들〉

겨울 산책길에서 작가의 문학적 상상력은 종횡무진이다. "제주도가 원산지이며 세계적으로 사랑받는 크리스마스트리인 구상나무도 비슷한 예이다. 한국은 세계에서 가장 다양한 종류의 백합과 식물이 자생하는 곳이라고 한다. 잘 찾아보면 미스킴라일락이나 구상나무 같은 예가 백합과 식물에도 있을 것이다. 우리의 소중한 식물자원을 아끼고 가꾸지 못한 점이 아쉽다."

이렇게 들풀을 통해서 자연과 인생의 '진실' 을 탐구하는 자세가 바로 신종찬 문학의 중심축을 형성한다. 자연이나 인간 사회나 그 구성

원칙은 다를 바 없기 때문에 의사 수필가의 시선으로는 "들풀 하나하나가 모두 개성 있게 살며 무한한 자연의 가능성을 간직하고 있는 소중한 존재들이다." 마찬가지로 "축구국가대표로 선발되어 월드컵에 나가 뛰는 것도 자랑스럽지만 그들도 TV를 보면서 응원하는 평범한 백성들의 자손이다."

물론 이런 지적에 대하여 우주 삼라만상이 다 그렇게 비범하기만을 추구해야 되는가라는 반론이 나옴 직하지만 작가가 추구하는 자랑스러움이란 존재의 실체를 숨김없이 그대로 드러낼 줄 아는 본연의 자세로 이해할 수 있을 것이다. 너무 노출하면 외설이고 너무 밀폐하면 폐쇄라 손가락질해대는 세상에서 그런 본연의 자세를 있는 그대로 드러내기가 얼마나 어려운가는 누구나 다 안다.

그 경계선을 제대로 지키기가 얼마나 지난한가를 밝힌 글이 〈북한산의 설선雪線〉이다. 눈이 녹지 않은 부분과 녹은 부분의 경계를 지칭하는 설선을 작가는 아래와 같이 아름답게 형상화한다.

멀리서 볼 때 설선은 단호한 직선이었다. 겨울잠 자던 산신령이 성급하게 다가오는 봄에게 '신선 외 출입금지' 라고 선을 그은 것 같았다. "흰 눈을 치우지 마라! 봄은 아직 여기까지야!" 라고 외치면서……. 바위든 소나무든 희디흰 자연의 질서 안에서 편안한 줄 알라는 뜻이 아닐까.

〈북한산의 설선雪線〉

그 거대한 산허리를 흑백으로 갈라놓은 설선을 두고 작가는 "산신령의 말이 들려온다. (……) 눈을 더 맞고 추운 바람을 더 견뎌야 한다. 생고생을 시키려는 뜻이 아니고, 참고 견뎌야 찬란하고 더 향기로운 봄을 맞이할 수 있다. 자연을 포함하여 만물에는 한계와 절제가 필요하다고 큰 선을 긋지 않았을까. 그렇다면 자연의 일부인 인간도 한계와 더불어 살아갈 성 싶다."고 그 선의 의미를 외연적으로 한껏 확장시킨다. 선 긋기의 외연은 급기야 자신의 직업의식으로 귀착되어 "의사로서 나는 매일 한계와 씨름"한다고 고백한다. 진찰 결과를 기록할 때 "정상normal 대신 정상범위 이내W.N.L., within normal limits이라고 하는 것이 의료계의 상례"라면서 그 이유를 "그만큼 인체에 관한한 전문가인 의사도 정상이라고 판단할 수 있는 한계를 결정하기 어렵기 때문이다."고 밝혀준다.

작가는 여기서 한 걸음 더 나아가서 "인체와 세균 간에 전쟁"이 지속되는 상태를 아래와 같이 우주의 섭리로 펼쳐나간다.

균과 같은 기생생물이 주인인 숙주 안에서 성공적으로 살려면 숙주의 삶을 지나치게 해치지 말아야 한다는 생물학적 이론이 있다. 그 한계를 벗어나 숙주를 공격하여 주인이 죽으면 기생생물의 삶도 끝장이 난다. 세균도 살아남으려면 자연의 법칙을 지켜야 한다.

〈북한산의 설선雪線〉

삶이란 결국 한계선 알아가기에 다름 아닐 터이다. 그런데 이 작가는 한계선을 알았다손 치더라도 넘어서고야 말겠다는 투지가 엿보인다. 영원한 이탈이 아닌 넘나들기란 삶을 풍요롭게 만드는 한 요인이기도 하다.

3. 의학과 인문학의 융화

이런 경계의 애매함으로 세상은 시비가 일고 불화와 갈등이 조장된다. 그 미묘한 세상사의 한 모퉁이를 〈원래 들쭉날쭉한 겁니다〉에서 작가는 한 낯익은 노신사와 진단서 비용문제로 다투었던 일화를 예로 들어 풀이해준다.

중절모에 단정한 차림의 노신사는 "원장님, 단도직입적으로 이야기합시다. 진단서 비용이 보통 2만 원인 걸 알지만, 병원마다 들쭉날쭉하니 만 원으로 해주세요."라고 스스럼없이 건의한다. 웬만한 독자라면 어, 진단서를 깎는 법도 있나 라고 의아해 할 터인데, 사실은 "병원장 직인 찍힌 A4용지 한 장에 2만 원 받는 것은 너무 비싸고, 병원에 따라 최고 10배 이상 차이가 나는 것은 시정해야 할 것"이라는 보도가 있었음을 의사인 작가 스스로가 인정하면서 글은 계속된다.

글을 읽어가면서 이 작가의 성향을 약간은 알고 있는 나로서는 대체 어떻게 결말 지을 것인지 자못 흥미로웠다. 오랜 단골인 노인의 모처럼의 요구사항이지만 의료행위의 원칙으로야 그게 될 법한 이야기가 아니다. 곰곰이 따져보니 진단서도 그 병의 경과와 용도, 등에 따라 달라져야 맞지 싶은데, 다른 한편으로는 진단서만 요구하는 경우를 제외하고는 이미 진단서란 그 병원에서 진료든 치료든 받거나 받을 대상이기에 별도의 비용은 필요 없이 사무적인 종이 한 장과 복사 값이면 되지 않을까 싶기도 하다.

그러나 사정은 다 다르다. 보험금 수령에 쓰이는 진단서는 매우 까다로워 발행하기를 꺼릴 수밖에 없다. 화상환자의 경우엔 보험규정에 심부深部 2도 이상이면 상해보험보상을 받고 그 미만이면 보상을 못 받는다. 보험회사와 환자의 이해관계가 상반되기 때문에 시비에 휘말리기 쉽다. 이런 사건들로 얽힌 시시비비는 보통사람들의 보통 생각과는 달리 의사의 입장에서는 한결 복잡함을 이 글은 설득력 있게 그려준다.

진단서는 의사 개인이 발행하는 사문서私文書이지만 사회적으로나 법적으로 공문서公文書의 가치를 지닌다. 사람의 법적 권리는 출생신고로 시작하고 사망신고로 끝나는데, 출생증명서로 시작하여 사망진단서로 끝난다고 볼 수도 있다. 올바른 판결문을 작성할 수 있어야 판사의 자격이 있다면, 제대로 진단서를 작성할 수 있어야 의사 자격이 있다 할 것이다. 진단서는 병원장 직인이 찍힌 A4용지 한 장짜리가 아니고 의사가 체득한 의학적 지식이 담겨 있는 문서이다. 의사가 된지 30년이 넘었지만 진단서를 쓸 때면 나는 늘 긴장하여 손이 떨린다.

〈원래 들쭉날쭉한 겁니다〉

이만하면 그 오묘한 세계의 이치를 알 것도 같고 모를 것도 같기에 들쭉날쭉하다는 표현은 세상 이치와 같음을 의미한다. 바로 진단서 한 장을 통해서 세상의 철리를 추구한 작품이다.

그래도 궁금증은 여전히 남는다. 그 할아버지 건을 어떻게 처리했을까? 솔로몬의 현명한 어머니와 친아들 재판이나 브레히트의 《코카서스의 백묵원》 재판을 연상하는 결론이 등장한다.

다음날 할아버지에게 할머니와 함께 병원으로 오도록 해서는 "진단서 비용은 이만 원이지만 만 원만 수납하고 만 원은 할머니 점심값으로 하라."는 게 신종찬 작가의 수습책이었다.

이만하면 인간의 몸을 치유하는 의사에다 영혼의 치유사인 수필가의 자격을 동시에 가질 만하지 않는가.

이런 유연한 사고의 연장선에 〈의학과 인문학〉이 위치한다.

"지금까지 의학은 사람보다 질병을, 치유와 보살핌healing, care보다는 처치와 치료treatment, cure를 앞세워 왔다고 볼 수 있다."고 판단한 이 작가는 현대의학이 "의사와 환자가 소통을 해야만 치료의 목적을 달성할 수 있으니 일면 사회적이고 일면 인문학이라 할 수도 있다."고 주장한다.

인문학이란 "아무리 병이 없어도 삶의 의미를 느끼지 못한다면 병을 앓으면서도 삶의 의미를 느끼는 것보다 못하지 않을까. 그러므로 의학에는 인문학이 꼭 필요하다."는 논리는 설득력을 가진다.

인문학과 의학의 만남의 경지를 이 작가는 〈천식 치료의 비방〉으로 그 정답을 구한다. 온갖 진료를 다 거쳐 온 천식환자에게 무슨 비법이 있을까? 이럴 경우, "어려울 때는 기본에 충실해라."는 말을 연상한 게 의사이자 수필가인 신종찬의 기지이다. 결론만 끄집어내면 "모든 지식이 공개되고 있으니 전문가들 사이엔 학문적 깊이의 차이는 있을지언정 남이 모르는 비방 같은 것은 없다."는 것이 현대의학의 요체인데, 이 촌철살인의 요체는 인문학적인 지혜가 가져다 준 선물일 것이다.

신 작가는 지금 의학에서 인문학의 중요성을 설파하는 전도사로 나섰다. 그의 활동으로 의학계에서 인문학 붐이 일어나기를 기대해 본다. 이런 들쭉날쭉 하는 세상에서 의학이나 인문학의 만남을 통해 바람직한 의술과 바람직한 글쓰기가 동시에 이뤄지기를 꿈꿔본다.